# UN AMOUR

## MAUDIT

PAR

## XAVIER DE MONTÉPIN

2

PARIS
LOUIS CHAPPE, LIBRAIRE-ÉDITEUR
Successeur de HYP. SOUVERAIN
5, rue des Beaux-Arts, 5.

1861

# UN AMOUR MAUDIT

Fontainebleau — Imp. de E. Jacquin.

# UN AMOUR
## MAUDIT

PAR

## XAVIER DE MONTÉPIN

(Traduction et reproduction réservées).

2

PARIS
LOUIS CHAPPE, LIBRAIRE-ÉDITEUR
Successeur de HYP. SOUVERAIN
5, rue des Beaux-Arts, 5.

1861

# I

Georges et Martial.

Michel, debout sur le marchepied de la calèche, tenait la lanterne de façon à ce que tous ses rayons se concentrassent sur le papier déployé. Le visage de M. de Talmay restait par conséquent dans une obscurité complète, et le procureur du roi ne put voir la décompos-ition soudaine et profonde de ce visage envahi par une pâleur livide.

A quatre ou cinq reprises, le comte lut et relut les quelques lignes qui semblaient produire sur lui l'effet de la tête de Méduse, puis il reploya lentement la lettre, la glissa dans sa poche et dit à Michel, d'une voix si changée qu'elle était presque méconnaissable :

— C'est bien. — Remettez la lanterne à sa place et que Jean fouette ses chevaux...

La voiture roula de nouveau.

M. d'Autrichard était un observateur trop habile et trop expérimenté pour n'avoir point remarqué l'altération et le tremblement de la voix d'Henri.

— Mon cher comte, — fit-il après un instant de silence, — pardonnez-moi de vous adresser une question peut-être indiscrète, mais qui trouve son excuse dans mon vif attachement pour vous... — j'espère que vous ne venez pas de recevoir de mauvaises nouvelles?...

— En aucune façon, mon cher baron, — répondit M. de Talmay avec une légèreté affectée dont le procureur du roi feignit d'être la dupe, — cette lettre me parlait de choses tout à fait insignifiantes.

— Eh bien, tant mieux. — Je suis enchanté de ce que vous me dites... j'avais craint...

— Quoi donc? — interrompit le comte avec une étrange violence. — Qu'aviez-vous pu craindre?...

— Que ce billet remis d'une façon bizarre et mystérieuse ne vous apprît un événement fâcheux...

— Merci de votre intérêt, mon cher baron, — répliqua Henri avec un rire saccadé qui faisait mal à entendre, — je vous affirme de nouveau que vos appréhensions étaient sans fondement. — Ne savez-vous pas, d'ailleurs, que je suis l'homme heureux par excellence et que tout me réussit ?... J'ai beau regarder autour de moi, je ne vois pas quel malheur pourrait m'atteindre...

Après avoir ainsi parlé, M. de Talmay s'accouda dans l'angle de la calèche et resta muet et immobile pendant quelques minutes...

— Mon cher baron, — demanda-t-il ensuite brusquement, — est-ce demain que nous jugeons ce pauvre diable qui a tué sa femme et l'amant de sa femme ?

— Non... — c'est dans trois jours seulement. — Pourquoi cette question ?...

— Parce que je pensais que nous pourrions donner à madame de Talmay et à ma tante le plaisir d'assister à la séance où viendra cette affaire...

— Rien de plus facile, — mais ne craignez-vous pas que de telles émotions ne soient un peu violentes pour ces dames ?

— Bah ! les femmes aiment toutes les émotions, quelles qu'elles soient, et je crois même qu'elles préfèrent les plus violentes aux plus douces.

M. de Talmay s'absorba dans un nouveau silence, qu'il rompit tout à coup comme le premier.

— Jean! — fit-il.

— Monsieur le comte! — répondit le cocher en se retournant à demi sur son siége.

— Arrêtez vos chevaux.

Le cocher obéit.

M. de Talmay ouvrit la portière et sauta sur la route sans s'aider du marchepied.

— Que faites-vous? — s'écria le procureur du roi.

— Je vous dis : *Au revoir!* pour jusqu'à demain matin, et je vous laisse continuer tout seul.

— Y songez-vous? — demanda M. d'Autrichard stupéfait.

— Parfaitement.

— Vous retournez au château?...

— Non... non... ce n'est pas au château que je vais.

— Mais, voyons, quelle mouche vous pique? — D'où vient ce changement incompréhensible dans vos projets? — La lettre de tout à l'heure n'y est point étrangère, j'en suis profondément convaincu... — Je vous en prie, je vous en supplie, mon cher comte, parlez-moi franchement, — ne me laissez pas dans l'inquiétude où me voilà. — Je vous donne ma parole d'honneur que si vous me quittez ainsi, je vais croire à un malheur... — Dites-moi donc ce qui se passe, sinon je ne vous laisse point partir seul, et, au risque de ne pas me trouver à mon poste demain matin, je vous accompagne cette nuit.

Et M. d'Autrichard, joignant l'action aux paroles, descendit de voiture à son tour et prit les deux mains de M. de Talmay.

— Cher baron, — dit ce dernier, après un instant d'hésitation, — vous voulez tout savoir?...

— Je vous conjure de ne me rien cacher...

— Eh bien! soit... — seulement, vous allez perdre une partie de la bienveillante estime que vous aviez pour moi jusqu'à ce jour.

— C'est impossible!...

— Ce n'est que trop vrai, cependant. — N'oubliez pas du moins, n'oubliez jamais que vous forcez mes confidences et que je n'aurais jamais eu l'impudeur de vous les faire entendre si vos instances ne m'y contraignaient malgré moi.

— Expliquez-vous, mon cher comte, je ne vous comprends pas.

— Vous ne me comprendrez que trop tôt. — Je passe pour un homme de mœurs irréprochables, n'est-ce pas ? — Tout le monde le dit, tout le monde le croit, et vous le croyez comme tout le monde.

— Sans doute.

— Eh bien ! cette réputation est usurpée...
— Je ne vaux pas mieux que tant d'autres

maris... J'ai des maîtresses, — la lettre qui m'a été remise tout à l'heure était de l'une d'elles; — elle m'écrit qu'elle veut me voir cette nuit, et je vous quitte pour aller à son rendez-vous... — Vous avez reçu ma confession très franche... — Vos inquiétudes sont dissipées. Maintenant, mon cher baron, adieu, ou plutôt au revoir...

— Mon ami, — répondit le procureur du roi d'une voix triste, — je ne vous adresserai pas de reproches, — je n'en ai pas le droit; — je ne vous ferai pas de morale, à quoi bon ? — Je vous dirai seulement que vous venez de détruire une de mes plus douces illusions. — Jusqu'à ce jour j'avais admiré l'accord et le bonheur de votre ménage, et je m'étais persuadé qu'entre une femme belle et chaste comme madame de Talmay et un homme de cœur et d'intelligence comme vous, cet accord et ce bonheur pouvaient durer toujours... — Je m'étais trompé. — Je vois que le cœur et l'intelligence sont impuissants à lutter contre les passions victorieuses, et que, pour satisfaire je ne sais quelle soif insensée de voluptés coupables, le plus sage foule aux pieds sans remords le bonheur et l'honneur de sa vie.

— Ainsi, vous me méprisez, n'est-ce pas?

— Je ne vous méprise pas, je vous plains...

— Oui, plaignez-moi, — murmura M. de Talmay avec une émotion qui le domina malgré lui, — plaignez-moi, car moi aussi j'avais fait un beau rêve qui s'est évanoui...

Plaignez-moi, car je ne suis pas heureux, et je ne le serai plus jamais...

Henri saisit la main du procureur du roi, la serra avec force et s'éloigna rapidement.

M. d'Autrichard l'appela à deux reprises sans recevoir de réponse et le perdit bientôt de vue dans l'obscurité.

Il remonta alors en voiture, et, donnant l'ordre au cocher de continuer sa route vers Dijon, il se plongea dans une série de réflexions désolantes sur le brutal et sensuel matérialisme des hommes, et sur la triste destinée des pauvres femmes, trompées presque toujours et souvent abandonnées tout à fait pour des créatures qui n'étaient pas dignes de toucher au lacet de leurs bottines.

Laissons le procureur du roi se diriger solitairement et tristement vers l'antique cité des ducs de Bourgogne, — laissons M. de Talmay courir au rendez-vous mystérieux dont nous venons de l'entendre parler, et auquel, il faut bien le dire, nous n'ajouterons pas une foi aveugle, et rejoignons le docteur Martial et Georges de Commarin au moment où ils quittent le perron du château pour s'enfoncer dans les ténébreuses allées du parc.

Pendant quelques minutes les deux amis marchèrent l'un à côté de l'autre sans échanger une parole.

— Georges, — dit enfin Martial, — sais-tu pourquoi je t'ai prié de sortir avec moi?

— Mais pour nous promener ensemble, je suppose... — Avais-tu quelque autre raison?

— Oui.

— Laquelle?

— Je voulais user des droits imprescriptibles que me donne notre vieille et profonde amitié, — je voulais te parler à cœur ouvert et te prier de me répondre de même.

— De quel air solennel tu me dis cela! — s'écria M. de Commarin en riant. — Pourquoi diable ce ton sérieux?...

— C'est que je ne sais rien au monde de plus sérieux que le sujet dont je vais t'entretenir.

— De quoi s'agit-il donc?

— De ton avenir.

— Il t'inquiète?

— Il fait plus que m'inquiéter, — il m'épouvante.

— Parce que je suis ruiné, sans doute.

— Ceci n'est rien, — je te crois parfaitement capable de refaire ta fortune le jour où tu voudras sérieusement t'en donner la peine... — D'ailleurs, pour un homme de ton nom et de ton intelligence, la misère ne saurait exister, — ton éducation et les protections dont tu disposes t'ouvrent la porte de tous les emplois...

— Je suis de ton avis et par conséquent je

ne comprends guère l'épouvante que tu me témoignais à l'instant.

— Les circonlocutions et les périphrases ne sauraient être de mise entre nous, mon cher Georges; par conséquent j'irai droit au but. — Tu es en train de te perdre irrévocablement et déplorablement.

— Moi ? — fit M. de Commarin avec une surprise qui n'avait rien d'affecté.

— Oui, toi !

— Mais enfin, comment ?...

Martial approcha ses lèvres de l'oreille de son interlocuteur et murmura d'une voix très basse :

— Où crois-tu que te conduira ton amour pour madame de Talmay ?...

Georges tressaillit.

— Mon amour pour madame de Talmay, — balbutia-t-il, — que dis-tu, Martial?...

— La vérité.

— Tu es dans l'erreur, mon ami, — dans la plus complète erreur!...— L'intérêt que tu me portes t'entraîne dans une fausse voie... tes suppositions t'égarent...

— Ainsi, tu m'affirmes que je me trompe?...

— Je te l'affirme.

— Georges, je te sais homme d'honneur... — Donne-moi ta parole d'honneur que tu n'aimes pas la comtesse, et je te croirai... et je serai heureux de te croire...

M. de Commarin garda le silence.

— Tu le tais, — reprit Martial, — parce que tu n'oses point souiller ta lèvre par un faux serment... — Ton silence est éloquent! — il équivaut au plus complet de tous les aveux.

Georges continuait à ne pas répondre. — Le docteur reprit vivement :

— A quoi te servirait de nier l'évidence? — Depuis quelques heures je t'observe, et ce que j'ai vu ne saurait laisser subsister dans mon esprit l'ombre d'un doute... — Ta défiance m'étonne et me blesse... — Ne sais-tu pas que je suis le meilleur de tes amis? — Doutes-tu de mon caractère? — Me crois-tu capable de trahir lâchement un secret qui te touche? — Si telle est ton opinion sur mon compte, dis-le moi, Georges, et je te jure que ma main aura serré la tienne tout à l'heure pour la dernière fois...

— Tu es fou!!! — répliqua M. de Commarin avec une brusquerie pleine d'émotion. Non, je ne doute pas de toi, — je douterais plutôt de moi-même... — Mais tu dois comprendre ma surprise et mon trouble en te voyant si bien instruit de ce que je croyais inconnu du monde entier... — Sois donc mon confident, puisque tu le veux, je ne saurais en avoir un plus cher... — Eh bien! oui, tu as raison, j'aime la comtesse.

— C'est-à-dire que tu crois l'aimer.

— Martial, tu blasphèmes!!! — Ce que

j'éprouve est un ardent et sérieux amour, qui me domine et qui m'absorbe tout entier !!!

— Combien de fois, depuis dix ans, n'as-tu pas dit et répété : *J'aime, et c'est pour toujours !...* — Quelques semaines s'écoulaient, et ces passions qui devaient être éternelles s'éclipsaient pour faire place à des amours nouvelles, non moins ardentes et non moins éphémères...

— Martial, je t'en supplie, ne compare rien de ce que j'ai ressenti jusqu'à présent avec ce qui se passe aujourd'hui dans mon cœur... — Oui, certes, bien souvent déjà j'ai cru aimer, et je me trompais, et c'est parce que j'ai compris le néant de ces folles tendresses, c'est parce que l'expérience du passé menteur m'a permis de ne plus confondre l'illusion vaine et la réalité, c'est à cause de cela, Martial, que je te dis avec certitude : — J'aime, pour la première fois, et d'un amour qui ne finira qu'avec la vie!!!...

— Eh bien! soit. — J'admets que ton mal soit dangereux et presque mortel; cependant il n'est pas incurable... — Avec du courage et de la force de volonté, tu guériras!

— Je ne veux pas guérir.

— Il faut vouloir!... — Ta conscience et ton intérêt t'imposent la loi de résister à une passion qui creuse un abîme sous tes pieds...

— Je ne vois pas l'abîme, et, d'ailleurs, s'il existe, peu m'importe d'y tomber...

— Tu aurais peut-être le droit de parler ainsi si tu devais y tomber seul, — mais une autre, — celle que tu aimes, — y roulerait infailliblement avec toi...

— Prophète de malheur, je ne te crois pas!...

— Tu me croiras malgré toi, car je vais dessiller tes yeux et te faire toucher du doigt ta position réelle que tu me sembles ne pas bien comprendre...

— Parle, murmura Georges avec résignation, — je t'écouterai puisqu'il le faut, mais je te défie de me convaincre...

— Ah! — s'écria Martial, — non sans une

involontaire amertume, — il me semble entendre un malade disant à son médecin : — *Je te défie de me soulager!...* — Le médecin du corps n'en entreprendrait pas moins la cure. — Le médecin de l'âme agira de même! — Parlons de toi d'abord, Georges, ce sera court. — La morale n'a chance d'être écoutée qu'à condition de n'être pas longue.

— Tu es ruiné, — je ne ne t'en ferai point de reproche, et d'ailleurs le mal est médiocre, puisque tu conserves le droit d'écrire au-dessous de ton bilan : *Tout est perdu, fors l'honneur!...* — Mais pour garder cet honneur intact, il te faut appeler à toi deux aides, le travail et le courage. — Or, ni l'un ni l'autre ne te viendront en aide, tu le comprends, si tu t'abandonnes corps et âme aux dissolvantes préoccupations d'un amour coupable!... — Te voilà devenu, par ta seule faute, non plus un des heureux du siècle, mais un des combattants de la vie.... — Les hasards de la bataille quotidienne t'entraîneront loin du château de Talmay, et comment feras-tu pour t'en éloigner si ton cœur et ton âme y restent enchaînés?...

Le docteur s'interrompit.

— Georges, — fit-il après une pause, — l'obscurité me cache ton visage, mais je devine le sourire qui vient à tes lèvres. — En ce moment tu te dis : — *Eh ! que m'importe tout le reste, pourvu que je sois aimé !...* — Est-ce vrai, cela?

— C'est vrai, — répondit franchement M. de Commarin.

— Eh bien! — continua Martial, — je vais te suivre sur ce terrain... — J'admets que tu sois aimé, — j'admets que la comtesse oublie et foule aux pieds pour toi ses devoirs... — Ce serait le bonheur, te dis-tu?

— Ce serait le ciel!!!

— Jusqu'au jour du coup de tonnerre, et ce coup de tonnerre arriverait bien vite. — Le comte n'est pas de ces maris faciles à tromper, à qui l'on peut appliquer les paroles du Psalmiste : *Ils ont des yeux pour ne point voir et des oreilles pour ne point entendre...* — Une parole imprudente, un regard mal dissimulé, suffiraient pour lui tout apprendre... — Il ne m'en a pas fallu autant, à moi, pour tout deviner... — Qu'arriverait-il alors?

— Parbleu! — interrompit Georges, — il arriverait la chose du monde la plus naturelle et la plus prévue, — un coup d'épée à donner ou à recevoir... — J'en ai donné beaucoup, j'en ai reçu fort peu. — Ce n'est pas précisément cela qui peut m'effrayer...

— Tu te trompes, — répliqua Martial. — Le comte ne se battrait pas avec toi...

— Que ferait-il donc?

— Je ne sais, — mais ce qu'il ferait serait effrayant, j'en ai la conviction intime. — N'as-tu pas entendu ce qu'il a dit, ce soir, au souper, ou ne te souviens-tu plus de ses paroles?...

— J'ai entendu, et je n'ai rien oublié.

— Alors, tu le sais, la mort des deux coupables lui semblerait un châtiment trop doux...

— Ceci est une exagération mélodramatique.

— Non, — c'est l'expression littérale de la pensée du comte. — Je le regardais avec attention pendant qu'il parlait, et je te jure que j'ai vu briller dans ses yeux l'éclair farouche d'une détermination sans appel.

— Eh bien! après tout, s'il me plaît de risquer le tout pour le tout?

— Tu oublies madame de Talmay... — L'exposeras-tu volontairement au long supplice de quelque vengeance implacable?...

— Crois-tu donc que, moi vivant, ce supplice se prolongerait?— Crois-tu que je ne saurais point soustraire ma bien-aimée à cette vengeance?

— Et comment?

— Nous fuirions ensemble, s'il le fallait, et nous irions cacher tous deux notre amour et notre bonheur sous quelque ciel lointain.

— Ah! — s'écria Martial, — combien j'avais raison de dire tout à l'heure qu'il fallait te faire toucher du doigt ta position réelle, car tu ne la connaissais pas! —Tu parles de fuir! — tu parles d'un ciel lointain! — tu rêves sans doute quelque romanesque chalet blotti sous les sapins au bord du Léman, ou quelque mystérieuse villa, blanche parmi les lauriers-roses des rives enchantées du lac de Côme, et tu oublies, mon pauvre Georges, qu'il faut être riche pour réaliser ces beaux plans, et qu'aujourd'hui tu es pauvre...

— Ah ! — murmura M. de Commarin avec une rage concentrée, — l'argent !... — l'infâme argent !...

— Eh ! mon Dieu, tu subis la loi commune... — On n'apprécie bien réellement la valeur des choses que lorsqu'on ne les possède plus... — Tu es ruiné, — c'est un fait accompli. — Console-toi, — mets en œuvre ton intelligence et ton énergie pour reconquérir une fortune, et ne songe point à faire partager ton mauvais sort à une pauvre femme qui ne pourrait trouver avec toi que la misère et le déshonneur en échange du respect et de la richesse qui l'environnent aujourd'hui... — Comprends-tu que ce serait mal? — Comprends-tu que ce serait lâche? — Comprends-tu que ce serait infâme?

— Je comprends tout cela, — fit Georges d'une voix si basse que Martial devina sa réponse plutôt qu'il ne l'entendit.

— Bien! — s'écria le jeune docteur, — bien, mon ami! — Je n'attendais pas moins. — Puisque, grâce au ciel, j'ai pu éclairer ta conscience et faire briller à tes yeux la vérité, je ne crains rien désormais et tout est sauvé. — Ta loyauté te dira qu'il faut partir et ne plus revoir celle dont la perte et le malheur seraient ton ouvrage. — Au point du jour, nous quitterons ensemble ce château et tu n'y reviendras jamais...

M. de Commarin garda le silence.

— Georges!... — demanda Martial avec

inquiétude, — Georges! pourquoi ne me réponds-tu pas?

— Que puis-je te répondre?

— Promets-moi de partir et de ne revenir jamais... — Me le promets-tu, mon ami?

— Non, — murmura Georges d'une voix sourde, — non, je ne puis promettre.

— Mais pourquoi ce refus?... — N'ai-je pas su te convaincre?

— Tu m'as convaincu, mais je l'aime, et tu sais bien que l'amour est plus fort que tous les raisonnements du monde.

— Ainsi, tu persévères?

— Il le faut bien, je l'aime !

— Sans scrupule et sans remords tu vas marcher en avant?

— Je l'aime.

— Tu vas jouer sur une carte la vie, le bonheur et l'honneur de deux hommes et d'une femme ?

— Je l'aime, et le reste n'est rien !

— Allons, — murmura Martial, — j'ai prêché dans le désert !... — Va donc où la folie te pousse. — Je t'abandonne à ta destinée !

Les deux amis marchèrent pendant quelques minutes, l'un à côté de l'autre, lentement et sans échanger une parole.

Martial s'arrêta tout à coup.

— Écoute, — dit-il en prenant la main de Georges, — je veux te sauver malgré toi.

— Je connais assez le cœur humain pour

savoir que tu ne me pardonneras jamais le service que je vais te rendre, et que la preuve de profonde affection que je vais te donner m'attirera ta haine... — Mais qu'importe ?
— Les vingt mille francs dont tu as besoin pour sauver ta liberté menacée, ces vingt mille francs que je t'ai offerts, je te les reprends, je ne te les donnerai pas; il te faudra donc t'éloigner de ce château dès demain, que ce soit pour quitter la France ou pour franchir le seuil de la prison pour dettes.

— Je m'attendais à ce que tu viens de me dire, — répliqua M. de Commarin avec une ironie qu'il ne cherchait point à dissimuler. — Rien n'est plus simple, je t'assure, et tu pouvais, pour en arriver à cette conclusion, t'épargner les frais d'éloquence que tu prodigues en pure perte depuis le commencement de cet entretien. — Ton premier mouvement avait été plus généreux que réfléchi ; — j'admire la prudence du second. — Tu as calculé que je pouvais fort bien être tué par le comte de Talmay et que, dans ce cas, tes vingt mille francs seraient perdus. Tu as eu raison. — Chacun pour soi ! C'est la devise générale.

Martial haussa les épaules.

— Tes paroles amères et railleuses ne me blessent pas, mon pauvre ami, — dit-il, — mais elles m'affligent profondément. — Je ne te fatiguerai pas de conseils inutiles. — Je te crierai seulement : — Prends garde ! j'ai des pressentiments funestes !...

— Bah !... — répondit M. de Commarin

en riant, — tes pressentiments se calmeront bien vite maintenant que ton argent est sauvé.

Et le jeune homme, pirouettant sur ses talons, s'enfonça dans une allée latérale, laissant Martial immobile à la place où s'étaient échangées les dernières répliques que nous venons de rapporter.

— J'ai fait mon devoir, — murmura tristement le docteur, — j'ai tout essayé... j'ai lutté de mon mieux... J'ai été vaincu... cela devait être. Que Dieu permette maintenant qu'il n'arrive pas malheur.

Et, après ce court monologue, Martial reprit le chemin du château.

Onze heures du soir sonnaient en ce moment à l'horloge du principal corps de logis.

§

A l'instant précis où M. de Commarin se séparait si brusquement de son compagnon, un bruit léger, presque imperceptible, s'était fait entendre au milieu des massifs de lilas bordant l'allée dans laquelle marchaient les deux hommes.

Ce bruit, semblable à celui que produirait un chevreuil en quittant son gîte, se renouvela à deux ou trois reprises sur le passage de Georges qui allait au hasard, à grands pas et la tête baissée.

Ce froissement de feuilles sèches et de branches mortes n'attira d'ailleurs pas un seul instant l'attention du jeune homme, mais il doit attirer la nôtre.—Un espion mystérieux, caché dans le feuillage, suivait M. de Commarin d'assez près pour ne point le perdre de vue dans l'obscurité.

Cet espion avait assisté à toute la dernière partie de l'entretien des deux hommes.

## II

Un oubli.

Il était tout près de minuit.

Les hôtes du château venaient de quitter les uns après les autres le boudoir dans lequel ni Georges ni Martial n'avaient reparu.

La baronne de la Margelle et Marie restaient en tête-à-tête.

—Ma nièce mignonne,—fit tout à coup Sylvanire en passant son bras autour de la taille de la jeune femme, — l'une des choses les plus précieuses de ce monde, vois-tu, c'est un bon conseil, et je vais t'en donner deux.

Madame de Talmay fixa sur sa tante ses beaux yeux limpides qui disaient très clairement : — Je ne vous comprends pas.

— Crois-en mon expérience ! — poursuivit la douairière, — j'en suis pourvue beaucoup plus que mon âge ne semblerait le comporter. — Cela tient à ce que j'ai sans cesse vécu dans le monde depuis ma toute première jeunesse... — Bref, ma tourterelle, si tu continues de cette façon, je te préviens que tu ne tarderas guère à te compromettre abominablement.

— Moi, me compromettre! — murmura la comtesse avec un étonnement plein de candeur. — Me compromettre? — répéta-t-elle, — et comment?...

— Crois-tu donc que tous ces messieurs n'ont pas remarqué ce soir ta pâleur et ta préoccupation? L'une et l'autre, je t'assure, étaient assez visibles!... Au moment où je parle les conjectures doivent aller bon train! Je n'exagère rien, ma mignonne... tu ressemblais à une belle statue d'albâtre, et c'est à peine si tu répondais lorsqu'on t'adressait la parole. — Eh! mon Dieu, je sais à merveille qu'on n'est pas toujours maîtresse de soi. — D'abord, tu pensais à LUI, et puis, monsieur ton mari, mon coquin de neveu, est venu te mettre martel en tête avec ses férocités et ses abominables théories sur les vengeances conjugales... — (Je me réserve même de lui exprimer, en temps opportun, ma manière de voir à cet égard!) — Jour de Dieu! si feu M. le baron de la Margelle se fût permis de formuler en ma présence des opinions à ce point subversives, les choses auraient mal été!... — Vertugadin! je suis de celles à qui les menaces d'un mari donnent de l'éperon!... — J'étais attachée à mes devoirs autant que femme de ce monde, personne ne l'ignore... Eh bien, ma mignonne, je t'affirme qu'en un cas pareil je n'aurais pu répondre de moi!... — Voilà comme je suis! — J'en arrive à mes deux conseils. — Rien n'est indiscret comme la pâleur. — Quand tu n'auras point sur les joues tes belles roses de tous les jours, n'oublie pas de mettre un soupçon de rouge, et crois-moi, tu t'en trouveras bien... — Voilà mon premier conseil. — Le second est tout aussi simple. — Lorsque tu te sentiras préoccupée un peu plus que de raison, laisse-toi verser, à dîner ou à souper, un ou deux verres de vin de Champagne... — Tes soucis disparaîtront aussitôt, et jamais tu ne te seras sentie plus gaie... — Le feras-tu ?...

— Mais, ma tante, — répondit la comtesse un peu étourdie par ce long discours, — la préoccupation que vous avez cru remarquer avait une cause toute naturelle et nullement mystérieuse.

— Et cette cause, peut-on la connaître ?

— L'orage qui m'accablait et me faisait horriblement mal aux nerfs.

— Ta ta ta! ma nièce chérie, j'y vois clair, et j'en sais plus long que toi... — Certainement, il y avait de l'orage dans l'air, mais il y en avait surtout dans ton cœur... — Ce joli cœur, vois-tu bien, n'a point de secrets pour la bonne tante Sylvanire... — Je ne te les demande pas ce soir, tes petits secrets. — nous causerons demain. — Georges est charmant! — Ne sois pas jalouse... J'ai la tête tournée de lui!... — Allons, bonsoir, ma mignonne, il se fait tard, — allons nous mettre au lit. — Veux-tu que je sonne pour que Flore vienne te dévêtir ?...

— Non, chère tante, ne sonnez pas. — Flore n'est plus à mon service.

— Elle t'a quittée ?

— Je l'ai congédiée.

Madame de la Margelle poussa un cri de surprise.

— Tu as renvoyée Flore ! — dit-elle avec une stupeur manifeste. — Est-ce possible?...

— Oui, ma tante.

— Mais c'est de la folie ! — Comment ! tu as fait cela après ce que je t'avais dit, après ce que tu m'avais promis ?

— Pour rien au monde je n'aurais consenti à garder plus longtemps auprès de moi cette impertinente créature.

— Avais-tu donc à lui reprocher quelque autre chose que ce que j'ai eu la maladresse de t'apprendre ?...

— J'avais à lui reprocher la plus grave,

la plus impardonnable de toutes les offenses...

— Voyons... voyons... raconte-moi cela...

Marie fit à madame de la Margelle un récit rapide des circonstances que nous connaissons déjà et qui avaient motivé le renvoi immédiat de la soubrette.

— Ce billet de Georges, — demanda vivement la baronne, — qu'est-il devenu ?

— Je l'ai brûlé.

Madame de Talmay, en faisant cette réponse, s'écartait quelque peu de la vérité, mais son mensonge avait une excuse qui nous semble parfaitement valable... Si la baronne avait pu se douter que le billet existait encore, elle aurait insisté pour le connaître, et comment refuser de la satisfaire ?...

— Tu l'as brûlé! — s'écria-t-elle. — Mais au moins tu te souviens de ce qu'il contenait, et tu vas me le dire.

— Je ne l'ai pas lu.

— Quoi, pas un peu!... pas même un peu?...

— Non, ma tante, pas même un peu.

— Vrai?

— Je vous le jure.

— Eh bien, c'est un tort, ma mignonne! Qu'on refuse un billet lorsqu'on peut se dispenser de le recevoir, je comprends cela et je l'approuve, mais quand on l'a dans les mains et qu'il n'existe aucun moyen de s'en défaire, il faut le lire avant de le brûler. — Cela ne compromet pas davantage, et du moins on sait à quoi s'en tenir... — La prochaine fois que cela t'arrivera, suis mon conseil... lis d'abord et ne brûle qu'après...

— Ah ! ma tante, j'espère bien que ce billet sera le seul et que je n'en recevrai jamais d'autre.

— Chère mignonne, quelle illusion ! — Plus de billets doux à ton âge ! — Autant vaudrait se persuader que les bluets et les coquelicots manqueront dans les blés en juillet ! — Mais revenons à ce qui concerne la pauvre Flore. — Je ne prétends point que cette petite ait eu raison, mais elle a cru bien faire, et cela mérite indulgence. — Je lui parlerai demain matin, — elle te présentera ses excuses, et tu la garderas.

— N'en faites rien, ma tante, je vous en prie... — Je serais désolée de vous déplaire en quoi que ce fût, mais ma détermination est irrévocable. — Mademoiselle Flore n'est plus à mon service, — elle n'y rentrera pas, et, si elle demandait à me parler, je refuserais de l'entendre.

— C'est bien... — répliqua la baronne un peu piquée, — tu es maîtresse chez toi... — agis donc à ta guise... — Tu perds par ta faute une excellente femme de chambre... — mais cela te regarde. — N'en parlons plus...

Sylvanire s'était levée.

— Bonne nuit, ma chère, — dit-elle d'un ton sec qui contrastait étrangement avec son expansion habituelle.

— Bonne nuit, ma tante, — murmura la

comtesse qui fut dispensée, ce soir-là, d'appliquer ses lèvres fraîches sur les joues peintes de la douairière.

Un instant après, madame de Talmay entrait dans sa chambre, — allumait elle-même ses bougies, — se déshabillait rapidement sans l'aide de mademoiselle Flore, et passait un ample peignoir blanc à peine retenu autour de sa taille souple et gracieuse par une ceinture à bouts flottants.

En quelques minutes cette toilette de nuit fut achevée, et la jeune femme put tirer du sanctuaire de sa gorgerette le billet qu'elle avait caché dans ce discret et charmant asile au moment de l'arrivée de son mari.

Elle le déploya de nouveau : — elle se souvint des conseils si catégoriques donnés comte de Talmay venait d'être arrangée par madame de la Margelle et par le marquis d'Espoisses, s'était trompée, comme se trompent la plupart des jeunes filles, sur la véritable nature de ses sentiments. — Elle avait pris pour de l'amour ce qui n'était autre chose que la première amitié vive d'un cœur ingénu et inexpérimenté.

La déception avait été prompte, mais point cruelle, et pour ainsi dire inaperçue de la comtesse elle-même.

Ceci peut sembler obscur et quintessencié, et demande une explication que nous allons donner brièvement.

Marie, nature aimante et expansive, avait trouvé chez son mari une tendresse immense mais concentrée, dont son intelligence un peu superficielle, quoique vive et brillante, n'était point faite pour comprendre la sincérité et la profondeur.

M. de Talmay, nous le savons, unissait la fermeté à une extrême courtoisie; mais les habitudes presque austères de sa jeunesse et la rigidité de ses mœurs n'avaient pu lui donner ces faciles et communicatives séductions, ce langage romanesque et passionné, même à froid, ces allures de héros de roman ou de jeune premier de drame, qui plaisent à toutes les femmes, même aux plus remarquables par la solidité de leur esprit; — frivoles mais immenses avantages, que les hommes acquièrent dans les pratiques de la galanterie inexpérimentée.

Tout cela manquait à Henri, et, à vrai dire,

droit d'exiger de sa compagne légitime, c'est aussi la fidélité de l'âme.

Madame de Talmay, absorbée dans cette rêverie muette et profonde où passait l'image de M. de Commarin, était donc coupable déjà, et cependant, nous l'affirmons, l'ange gardien de la pauvre enfant n'avait pas encore sujet de remonter au ciel en cachant avec ses blanches ailes la rougeur de son front humilié.

Nulle part il n'aurait été possible de trouver une femme plus profondément attachée à ses devoirs que ne l'était la comtesse, et plus sincèrement convaincue qu'elle aimait son mari sans partage.

En cela elle se trompait; mais nous croyons que son erreur peut paraître excu sable, même aux yeux du moraliste le plus sévère.

Pour connaître l'origine et le point de départ de cette erreur, il nous faut remonter dans le passé jusqu'à l'époque du mariage de mademoiselle de Longecourt.

A l'occasion de ce mariage, nous avons dit que la jeune fille aimait, ou, du moins, qu'elle *croyait aimer* son fiancé, — ce qui, — ajoutions-nous, — revient au même en maintes circonstances.

Presque toujours, — disions-nous encore, — l'amour commence par une douce illusion qui parfois se transforme en réalité délicieuse, mais parfois aussi n'amène à sa suite que déception amère.

Marie, au moment où son union avec le

par la baronne, un instant auparavant, à l'endroit des correspondances amoureuses, — et, au lieu de l'allumer à la flamme de l'une des bougies, elle se demanda :

— Le lirais-je ? — Pourquoi non ? — Si je le lis, qui le saura ?... — Ma conscience... — se répondit-elle après un combat qui ne dura qu'une ou deux secondes.

Aussitôt, avec un courage qui nous semble véritablement héroïque, elle mit le feu à l'un des angles de la feuille de papier qu'elle jeta tout embrasée dans la cheminée.

Les phrases ardentes de M. Commarin ne furent bientôt plus qu'une cendre grise et légère sur laquelle se poursuivaient de rares étincelles.

Quand la dernière de ces étincelles eut disparu, Marie sentit se dissiper soudain la force fébrile et factice qui la soutenait depuis le commencement de la soirée. — Elle ploya comme une fleur dont la tige est brisée, — elle se laissa tomber sur un siége, et sa pensée, qu'elle n'était plus capable de diriger, se tourna vers Georges avec l'instantanéité de l'aiguille aimantée qui s'élance vers le pôle.

On trouve dans les livres saints un verset dont voici le sens : — *La femme mariée, lorsqu'elle regarde avec complaisance un autre homme que son mari, a déjà commis l'adultère dans son cœur.*

C'est terrible et c'est vrai.

Ce n'est pas seulement la fidélité du corps que l'époux devant la loi et devant Dieu a le fit comprendre à Marie la nature du sentiment qu'elle éprouvait.

Elle eut peur alors, — elle eut peur de cet amour qu'elle ne s'était point encore avoué et que tout le monde devinait déjà autour d'elle. — Elle se prépara à la résistance, et nous venons de la voir brûler sans le lire le billet de M. de Commarin.

Nous avons dit, ce nous semble, à peu près tout ce qu'il importait de dire relativement au passé.

Marie était coupable déjà, nous le répétons...

Mais ne pourrions-nous pas ajouter : *Que celle de nos lectrices qui n'a jamais failli, même en pensée, lui jette la première pierre !*

Au bout de quelques instants, la jeune femme reprit quelque force, et quittant le siége sur lequel nous l'avons laissée assise, ou plutôt étendue, elle secoua la tête comme pour chasser par ce mouvement les rêveries qui l'assiégeaient, puis tout inondée par les belles nattes blondes dénouées et ruisselant sur ses épaules, elle s'approcha de l'une des fenêtres et présenta son front brûlant à l'air à peine rafraîchi de la nuit.

Marie était résolue et de bonne foi dans ses projets de lutte. — Elle ne se dissimulait point que la victoire serait difficile, mais elle comptait cependant sur cette victoire.

— Ce qu'on veut fermement, — se disait-elle, — on le peut!... — Or, je mourrais plu-

Un jour il s'éveilla, et, nous devons le dire et le répéter, puisque rien au monde n'est plus strictement et plus littéralement vrai, la jeune femme ne s'aperçut point de ce réveil.

Longtemps elle avait vu, presque sans le remarquer, Georges de Commarin, l'un des hôtes assidus de sa maison. — Par quel étrange et inexplicable mystère du cœur féminin, par quelles gradations insensibles, et comparables à la lente métamorphose de la chenille en papillon, cette indifférence absolue se changea-t-elle en amour?

Peut-être de plus habiles que nous oseraient-ils entreprendre et sauraient-ils mener à bonne fin cette longue et patiente étude.

Quant à nous, — humblement nous l'avouons, — nous ne saurions répondre à la question que nous avons posée deux ou trois lignes plus haut.

Seulement, — et nous revenons à dessein pour la troisième fois sur ce fait incontestable, mais invraisemblable, — Marie aima Georges sans le savoir d'abord, et si, par la suite, quelque lumière se fit en elle, relativement à ce qui se passait dans son âme, ce ne fut qu'une lumière imparfaite.

Il ne fallut rien moins que les révélations et les affirmations de madame de la Margelle pour éclairer la jeune femme.

La démarche de Georges, osant lui écrire et lui faire remettre un billet, porta le dernier coup à ses doutes et à ses incertitudes, et, mieux encore que les paroles de Sylvanire, il professait pour tout cela le dédain le plus absolu.

Il avait tort.

Laissez aux enfants leurs jouets fragiles. — Ne refusez point aux femmes la comédie de l'amour en même temps que l'amour lui-même.

Bref, M. de Talmay fut méconnu par Marie. — Le diamant pur de la passion existait au fond de son âme, mais si bien caché que la jeune femme n'en vit pas les rayonnements. — Elle crut à une froideur qui n'existait pas, — elle ne songea point d'ailleurs à s'en plaindre, et, comme elle avait senti son illusion d'amour se dissiper peu à peu, elle ne demanda à Henri rien de plus que ce qu'il semblait disposé à lui donner, et elle se trouva parfaitement heureuse.

Le mal commençait à peine, déjà il était irréparable, puisque deux époux dignes de toute leur affection et de toute leur estime réciproques ne se comprenaient pas au début de leur union. — Ce mal allait grandir rapidement.

L'âme et le cœur d'une femme jeune, belle, et naturellement tendre, ne saurait s'accommoder toujours de l'indifférence. — Ainsi que les objets soumis aux lois physiques, ils ont horreur du vide.

Marie vécut pendant trois ans d'une vie calme à laquelle son cœur ne prenait aucune part. — Il semblait endormi.

tôt que de commettre une action qui me force à rougir !...

Le plus simple bon sens suffit pour indiquer, dans l'hygiène de l'âme comme dans celle du corps, l'utilité des *dérivatifs*.

Marie comprit qu'elle ne se déroberait à l'obsession de ses pensées qu'en évoquant d'autres pensées d'un ordre tout différent. — Elle se mit à l'œuvre sans perdre une seconde, et ses lèvres murmurèrent le nom de son mari comme pour forcer son cœur à prononcer ce nom en même temps.

Mais, si les lèvres furent dociles, le cœur resta rebelle et muet.

Cependant la jeune femme ne se découragea point. — Obstinée dans sa tâche courageuse, elle commanda à sa mémoire de lui retracer les moindres actions et les moindres paroles de M. de Talmay pendant la journée qui venait de finir.

Ce travail mnémotechnique lui rappela naturellement les vingt mille francs en billets de banque dont le comte l'avait rendue dépositaire au moment où il quittait le château.

Ce souvenir fit passer un petit frisson dans ses veines.

Elle avait oublié ces vingt mille francs dans le meuble de bois de rose que nous connaissons, et n'avait même pas songé à fermer à clé la porte du boudoir en remontant chez elle.

C'était veiller négligemment sur le dépôt dont il lui avait fallu accepter la garde, et qu'elle aurait dû conserver avec elle et serrer au fond du plus inviolable des tiroirs de sa chambre à coucher.

La comtesse se reprocha cet imprudent oubli et se dit qu'il fallait le réparer au plus vite.

Sa résolution fut prise aussitôt.

Un bougeoir à la main, elle traversa son antichambre et elle ouvrit la porte qui donnait sur la galerie.

Aucun bruit ne se faisait entendre, — tout semblait endormi dans le château. — Minuit et demi venait de sonner.

Madame de Talmay longea la galerie et s'engagea dans l'escalier.

# III

L'entrevue.

Nous avons dit, dans l'un des chapitres précédents, que le boudoir de style Louis XV se trouvait placé à la suite du grand salon Louis quatorzième.

Nous devons ajouter que ce boudoir communiquait lui-même avec une très petite pièce dans laquelle, les soirs de grande réception, on plaçait des tables de bouillotte et d'écarté.

Cette dernière pièce terminait l'enfilade des appartements d'apparat du rez-de-chaussée. — Une porte, dissimulée derrière les plis de la tenture de toile perse, ouvrait sur un escalier dérobé conduisant au premier étage.

Madame de Talmay, miraculeusement belle sous son peignoir blanc et avec ses longs cheveux d'un blond si pur et si doux inondant ses épaules, s'arrêta sur le seuil du boudoir et jeta autour d'elle un regard qui révélait clairement les petites terreurs si naturelles à la femme qui se trouve isolée au milieu de ténèbres mal combattues par la flamme vacillante du flambeau qu'elle tient à la main.

Le silence qui régnait dans le boudoir la rassura.

On n'entendait d'autre bruit que le tic-tac faible et monotone de la pendule Pompadour assise sur le dos de l'éléphant de porcelaine conduit par les deux petits nègres.

Après l'hésitation très courte que nous venons de signaler, madame de Talmay entra et se dirigea vers le chiffonnier dont l'un des tiroirs renfermait le portefeuille gonflé de billets de banque. — Elle avait noué la clé de ce meuble à l'un des angles de son mouchoir de poche, et elle se préparait à l'introduire dans la serrure, quand un bruit inattendu la fit tressaillir.

Ce bruit semblait produit par un pas furtif glissant sur les tapis du salon voisin.

— Peut-être me suis-je trompée, — pensa la comtesse. — La nuit, dans le silence, les illusions sont faciles...

Elle prêta l'oreille de nouveau avec un redoublement d'attention, et elle entendit de nouveau ce pas qui semblait s'étouffer à dessein et qui se rapprochait de plus en plus du boudoir.

— Qui donc est là ? — se demanda Marie épouvantée.

La première réponse qui se présenta à son esprit fut celle-ci :

— C'est un voleur.

A tout prendre, la chose était sinon probable du moins possible. — Or, un voleur bien résolu, enhardi d'ailleurs par la solitude et l'obscurité, devient facilement un assassin.

Madame de Talmay ne le savait que trop. — Elle ne réfléchit plus ; — elle se crut perdue, — elle sentit ses jambes se dérober sous elle, — elle voulut pousser un cri qui s'éteignit dans sa gorge sans jaillir au dehors.

Dans une suprême et rapide prière, elle recommanda son âme à Dieu, puis elle ferma les yeux pour ne point voir l'effrayante apparition qui sans doute allait émerger des ténèbres devant elle.

Quelques secondes s'écoulèrent et semblèrent à la pauvre femme longues comme des heures...

A la minute suprême de certaines situations pleines d'angoisse, l'incertitude constitue une intolérable torture. — Marie rouvrit les yeux pour échapper à ce tourment, et au lieu du bandit déguenillé et de mine farouche qu'elle s'attendait à voir, ses regards rencontrèrent la figure si pâle et si belle de Georges de Commarin, debout en costume de chasse, comme un personnage de Van Dyck, dans le cadre noir de la porte, et attendant que madame de Talmay lui adressât la parole.

L'émotion de Marie changea de nature aussitôt, son épouvante se métamorphosa en un vif sentiment de colère et d'orgueil blessé.

La jeune femme sentait bien qu'elle n'avait rien à craindre ; mais la présence de

M. de Commarin à une pareille heure, et le tête-à-tête qu'il paraissait prêt à lui imposer, lui semblaient constituer plus qu'une indiscrétion inconvenante et prenaient dans son esprit les proportions d'un outrage, surtout après le billet qu'il avait eu l'imprudente audace de lui faire remettre par mademoiselle Flore.

Sans doute les regards de la comtesse exprimèrent une partie des sentiments orageux qui fermentaient en elle, car Georges ressentit un trouble réel et il murmura d'une voix tremblante :

— Au nom du ciel! qu'avez-vous, madame?...

— Monsieur de Commarin! — s'écria Marie, — que venez-vous faire ici?...

— Oh! madame.., madame, — balbutia Georges avec effroi, — je vous en conjure, parlez plus bas et songez qu'on peut vous entendre.

— Que m'importe, et qu'ai-je à cacher? — répliqua Marie sans changer de ton. — Je vous le répète, monsieur, que venez-vous faire ici?...

Georges, qui jusqu'à ce moment n'avait point franchi le seuil, entra dans le boudoir et referma la porte derrière lui.

— Ne m'attendiez-vous pas? — demanda-t-il en s'approchant respectueusement de la comtesse.

— Vous attendre! — répéta madame de Talmay avec une indicible stupeur, — vous attendre! — Ai-je bien entendu? — Êtes-vous en délire, monsieur, ou cette question insensée cache-t-elle une insulte nouvelle?...

— Moi, vous insulter! — s'écria Georges éperdu. — Oh! madame, vous ne le croyez pas!... — Vous savez bien que j'aimerais mieux mourir que d'avoir seulement la pensée d'une offense...

— Mais alors, que m'avez-vous dit?...

— Madame, ayez pitié de mon trouble,— pardonnez-moi si je vous adresse une question... — Ce billet que je vous ai fait remettre... — ce billet dans lequel je me jetais à vos genoux pour obtenir de vous la faveur d'une entrevue, cette nuit, dans cette pièce, vous l'avez reçu?... vous l'avez lu?...

— Ah! — murmura la jeune femme les

yeux pleins de larmes et les lèvres crispées par un sourire tout à la fois douloureux et sardonique, — ah ! je comprends tout maintenant ! — Vous avez cru, monsieur, vous avez osé croire, en me trouvant ici, que j'accourais à votre rendez-vous... et que peut-être j'en devançais l'heure ! — Mais quelle opinion vous faites-vous de moi, monsieur ? quelle femme supposez-vous donc que je sois ? — Eh bien ! quoi que vous ayez cru, vous vous étiez trompé ! — Ce billet que vous avez eu l'impudence de m'adresser, je ne l'ai pas lu... — je l'ai brûlé sans l'ouvrir, et j'ai chassé l'insolente créature qui s'est permis de me le remettre... — Maintenant, monsieur, vous savez tout... — Écartez-vous de mon chemin !... — j'ai hâte de rentrer chez moi...

Georges était anéanti par le courroux de la comtesse, et surtout par le mépris écrasant qui débordait dans ses yeux irrités.

— Vous êtes cruelle pour moi, madame, — balbutia-t-il cependant, — oh! bien cruelle. — Je ne mérite point cette sévérité qui m'accable. — Laissez-moi me justifier... — Daignez m'écouter.

— Je n'ai rien à entendre de vous... — Je ne resterai pas une minute de plus ici...

— Madame, ayez pitié...

— Encore une fois, monsieur, faites-moi place...

La comtesse se dirigea vers la porte d'un pas ferme et rapide.

Georges se frappait la poitrine avec un désespoir qui n'avait rien d'affecté.

— Ah! — cria-t-il enfin au moment où madame de Talmay allait atteindre le seuil, — c'est impossible! Oui, madame, il est impossible que vous partiez ainsi... que vous me quittiez avec cette pensée horrible que je voulais vous offenser, vous que je respecte à l'égal des anges du ciel... à l'égal de la sainte femme qui fut ma mère.

D'un mouvement rapide et que la comtesse ne put ni prévoir ni prévenir, il se jeta entre elle et la porte, et il poursuivit :

— Si vous l'aviez lu, madame, si vous l'aviez lu, ce billet fatal, ce billet maudit, qui vous blesse et qui vous irrite, vous ne m'accableriez point ainsi, car vous sauriez combien peu je dois rougir devant vous de ce qu'il renfermait! — Oui, je vous demandais une entrevue, madame, mais c'était pour vous dire un éternel adieu.

Marie, en entendant ces deux mots : — *éternel adieu!* — sentit sa colère légitime se fondre comme la neige sous les rayons d'un ardent soleil.

Elle oublia soudainement combien était fausse et dangereuse la situation dans laquelle elle se trouvait, et d'une voix tout à coup radoucie elle demanda :

— Vous partez donc ?

— Oui, madame, et pour toujours.

— Bientôt ?

— Demain.

— Vous quittez la France ?

— Oui, madame. Je quitte la France et la vie.

— Eh quoi! — balbutia la comtesse avec un tremblement involontaire, — songez-vous à mourir?

— Oui, madame... — J'ai résolu de quitter une existence dont le fardeau m'accable...

— Le suicide!...

Georges s'inclina affirmativement.

— Monsieur de Commarin..., — poursuivit Marie, — ignorez-vous que le suicide est un crime?...

— Je ne l'ignore pas, mais je crois que Dieu ne pourra condamner celui qui cherche dans la mort un repos que la vie ne lui doit plus offrir.

— N'existe-t-il donc aucun moyen de vous faire revenir sur cette horrible résolution ?

— Il en existe un seul.

— Puis-je le connaître ?

— Sans doute, puisque vous seule pouvez l'employer. — Si vous daignez m'écouter, madame, vous allez tout savoir.

La comtesse hésita.

— Faut-il me taire ou faut-il parler ? — demanda Georges.

— Ne me direz-vous rien que je ne doive entendre ?

— Rien, madame... je vous le jure. — D'ailleurs, la confession d'un mourant est solennelle, et c'est la confession d'un mourant que je vais vous faire en quelques mots...

Marie baissa la tête d'une façon qui signifiait clairement :

— Parlez... j'écoute...

— Madame... — dit Georges, — j'ai mal vécu... — j'ai gaspillé ma jeunesse en même temps que ma fortune. — Aujourd'hui, les folies de mon passé portent leurs fruits amers. — Je suis aussi complètement perdu que puisse l'être en ce monde une créature humaine n'ayant su garder intacts que son nom et son honneur.— Ma ruine est absolue. — Le mendiant qui vous tend la main dans la poussière des chemins est moins pauvre que moi, car lui, du moins, ne ploie pas sous le fardeau d'un passif écrasant!... — Je suis poursuivi... —la dette est sans miséricorde!... — demain je serai en fuite... je serai prisonnier, ou je serai mort...

Georges s'arrêta.

Marie écoutait avidement ce triste récit fait avec une laconique énergie.

Son cœur ému, troublé, inexprimablement agité, sautait dans sa poitrine comme un oiseau captif. — Elle tenait ses yeux baissés, mais ses paupières étaient humides.

M. de Commarin avait trop vécu; — il possédait une expérience et une rouerie trop consommées pour laisser échapper le moindre des symptômes si manifestes de l'intérêt qu'il excitait.

Il fit une pause de quelques secondes, à la façon d'un acteur habile qui *prend un temps*, comme on dit au théâtre, et il poursuivit :

— Voilà où j'en suis, madame. — Ma situation, vous le voyez, se résume en trois mots; — elle offre trois issues, — la prison, la fuite ou la mort... — Je ne puis échapper à cette triste et terrible alternative, mais il me reste le droit de choisir... — Si je vous demandais un conseil, me le donneriez-vous?...

Marie ne répondit pas.

L'émotion puissante qui bouleversait tout son être la rendait incapable de prononcer une seule parole.

Georges ne se méprit point sur les motifs

de ce silence, — il venait de faire un premier pas décisif. — Sa cause était à demi gagnée. — Il le voyait, il le sentait, et son cœur tressaillait de joie.

— Madame, — continua-t-il, — j'ai besoin de vous rappeler que celui qui vous parle est un condamné que l'exil ou que la mort attendent... — La destinée est implacable. — Quoi qu'il arrive, je ne vous reverrai jamais... — Daignez donc m'écouter jusqu'au bout sans colère, comme vous écouteriez une voix venue de l'exil ou sortie de la tombe... — Si désespérée que soit la position dans laquelle je suis tombé par ma faute, je ne me dissimule point qu'il me serait possible encore de me relever. — Avec le nom que je porte et (pourquoi ne le dirais-je pas?) avec l'intelligence que Dieu m'a donnée, je puis me créer une autre patrie et me refaire une vie nouvelle... — Mais pour cela, il faut avoir le courage de vivre et de lutter, et ce courage me fait défaut, et je me dis : — *Vivre !... à quoi bon ?...* — Je n'ai pas dans ce monde un seul ami sincère... — personne ne s'intéresse à moi... — tous les cœurs me sont fermés, — aucune main bienveillante ne s'étend pour serrer ma main... — de quelque côté que je me tourne, je ne vois qu'un vaste désert... — A quoi bon souffrir, je le répète, à quoi bon combattre ? — Qui me plaindrait dans mes souffrances, qui m'applaudirait dans mes succès ?

Après un nouveau silence, M. de Commarin reprit, d'une voix où vibraient les notes de la passion la plus ardente :

— Et maintenant, madame, voici la vérité. — Au milieu du grand naufrage qui vient de m'engloutir, une seule chose a survécu : mon cœur... — Ce cœur s'est donné tout entier... — J'aime pour la première et aussi pour la dernière fois... j'aime sans espoir et sans désirs... — Dans cet amour unique, l'adoration sans bornes et l'infini respect s'unissent et se confondent. — Rien de terrestre, rien de grossier ne se mêle à la flamme qui me dévore et qui me purifie... — J'ai donné ma vie à celle que j'aime sans rien lui demander en échange, — elle en peut disposer comme d'une chose à elle. — Il faut qu'elle accepte ce don, il le faut; sinon je vais jeter au néant une vie désormais sans but, ainsi qu'après l'orgie on brise la coupe vide... Si cette femme s'éloigne de moi en détournant le tête, tout est fini, — dans une heure je serai mort !... — Je vivrai au contraire, j'aurai force et courage pour un avenir meilleur, si je sais qu'en quittant la France j'y laisse derrière moi un cœur compatissant, si celle à qui j'appartiens me tend sa main loyale en me disant : — *Vivez !...*

Entraînée par un irrésistible élan, — cédant à un de ces mouvements d'imprudente générosité qu'on ne peut pressentir ni réprimer, madame de Talmay tendit sa main à Georges et murmura :

— Vivez !...

# IV

Le flagrant délit.

Georges poussa un cri de joie, et, se laissant glisser à genoux devant la comtesse, il saisit la main qu'elle lui tendait et il la pressa passionnément contre ses lèvres.

Le contact inattendu des lèvres du jeune

homme contre sa chair fit éprouver à Marie une sensation qui ressemblait à du vertige.

— Un tremblement magnétique secoua son corps ; — elle chancela ; — les battements de son cœur s'arrêtèrent, et c'est à peine si elle eut la force de dégager son imprudente main.

— Souvenez-vous de votre parole, — balbutia-t-elle d'une voix éteinte ; — partez pour ne plus revenir, et n'oubliez jamais que je viens de vous dire un éternel adieu...

Georges allait répondre... — il n'en eut pas le temps.

A cette minute précise, madame de Talmay devint pâle comme un linceul, et les deux jeunes gens se regardèrent avec une inexprimable épouvante.

En même temps l'un que l'autre ils entendaient un bruit faible, et cependant distinct, dans le salon voisin.

Quelqu'un se trouvait là, près d'eux, — un ennemi peut-être, — un espion à coup sûr !...

La situation devenait terrible. — Marie, surprise à cette heure de la nuit avec un homme, Marie, dont nous connaissons l'éclatante innocence, allait être infailliblement déshonorée.

Georges bondit jusqu'auprès de la porte et fit tourner la clé deux fois dans la serrure.

Madame de Talmay, à demi-folle de terreur et de désespoir, se tordait les mains.

— Vous me perdez! — balbutia-t-elle.

— Je vous sauve, — répondit Georges.

Dans le salon le bruit augmentait. — On eût dit que plusieurs personnes s'approchaient et parlaient tout bas.

Une main s'appuya sur la serrure... — la porte ébranlée résista.

Alors une voix, s'élevant dans le silence, retentit aux oreilles de Georges et de Marie comme retentira dans la vallée de Josaphat la trompette du jugement dernier, — la voix du comte de Talmay.

— Je suis le maître de cette maison... — disait Henri avec une lenteur menaçante. — Qui que vous soyez, je vous ordonne de m'ouvrir.

Marie était tombée à genoux, — ses mains étendues cherchaient autour d'elle un point d'appui qu'elles ne trouvaient pas. — Elle allait s'évanouir.

M. de Commarin ne perdit point la tête dans ce péril suprême et que rien ne semblait pouvoir conjurer. — La distribution intérieure du château lui était familière jusque dans ses moindres détails. — Il connaissait l'existence de la petite pièce attenant au boudoir et celle de l'escalier dérobé. Il prit dans ses bras la pauvre femme anéantie, et il s'élança, chargé de ce fardeau léger, vers la porte qui communiquait avec l'escalier.

— Madame, — dit-il, — fuyez par là… — il en est temps encore… — hâtez-vous…

Marie se ranima.

— Et vous, — demanda-t-elle, — qu'allez-vous devenir ?

— Soyez sans inquiétude, madame, — je vous jure que vous ne serez pas compromise.

— Au moment où votre mari brisera la porte, je m'élancerai par la fenêtre.

Puis, sans attendre la réponse de la comtesse, Georges rentra dans le boudoir.

Marie, seule dans les ténèbres, essaya de suivre le conseil de M. de Commarin et de fuir par l'escalier de dégagement..... — Étrange fatalité !... la porte qui la séparait de cette unique voie de salut refusa de s'ouvrir !

— les verrous extérieurs avaient été poussés !...

La comtesse éperdue roula sans connaissance sur le tapis.

Tout ceci s'était passé en beaucoup moins de temps que nous n'en avons mis à le raconter.

Georges en rentrant dans le boudoir courut à la fenêtre. — Une distance de dix ou douze pieds à peine la séparait du sol. — Son projet d'évasion par cette voie ne semblait donc point impraticable... — mais à peine venait-il de jeter un coup d'œil au dehors, qu'il recula comme foudroyé. — A travers les ténèbres il avait entrevu sur la terrasse, précisément au-dessous de la croisée, des formes immobiles et qui semblaient attendre.

Toutes les issues étaient gardées.

La voix du comte de Talmay s'éleva de nouveau.

— Qui que vous soyez, — dit cette voix, — je vous somme pour la seconde fois de m'obéir!... — Si la porte ne s'ouvre pas, elle sera jetée en dedans avant qu'une minute se soit écoulée !

Georges, marchant à grands pas dans le boudoir comme un lion captif, — se meurtrissait le visage avec ses poings fermés...

— Malheureuse femme ! — se disait-il, — elle est perdue, et perdue par moi ! — Misérable fou que je suis ! — Que faire ? — quel parti prendre ? — Mourir pour elle ! — Oh ! je le voudrais, mais ma mort ne la sauverait pas ! — mais mon cadavre l'accuserait. — *Son amant s'est tué!* dirait-on, et mon sang viendrait se mêler à la boue qui va jaillir sur son nom déshonoré ! Et cependant elle est innocente ! — innocente comme les anges du ciel. — Mon Dieu ! si tout ceci n'est qu'un rêve, éveillez-moi, car ce rêve est horrible ! — éveillez-moi, car je souffre trop !

Quelques secondes s'écoulèrent.

La porte ébranlée craquait. — Georges sentait le nuage de la folie furieuse envahir rapidement son cerveau.

— Au moins, je la défendrai, — balbutia-t-il, — je la vengerai, — et malheur à celui qui franchira le premier le seuil de cette chambre... — Oui... oui... malheur, malheur, — car beaucoup de sang va couler...

Il arracha de sa gaîne son couteau de chasse, et il se tint prêt à frapper, en répétant :

— Malheur, malheur !

La porte allait céder aux chocs qui l'ébranlaient.

— Faites bonne garde ! cria le comte ; — l'homme qui se cache est un voleur, un assassin peut-être... — S'il cherche à s'échapper, tuez-le.

— Un voleur... — murmura Georges ; il dit que je suis un voleur...

Un éclair soudain traversa sa pensée tandis qu'il répétait ce mot et jeta dans les ténèbres de son esprit une lueur éblouissante.

— Eh bien, oui, —reprit-il,—un voleur s'il le faut !... puisque à ce prix elle sera sauvée ! O Marie... Marie... je vais vous donner bien plus que ma vie ! — Ce que nul homme n'a

— M. de Commarin, — continua Henri d'un ton de plus en plus sourd, — j'ai tout compris... — Me croyez-vous dupe de la comédie d'effraction que vous venez de jouer avec un merveilleux talent? — Allons donc — Jugez-moi mieux! — Vous vous sacrifiez pour votre complice, c'est fort beau, mais c'est inutile! — Ce sacrifice ne sauvera personne! Madame de Talmay, *Ma femme*, n'a pu s'échapper par un escalier dont j'avais moi-même condamné la porte! Elle est là, tout près de nous, dans la pièce qui touche à celle-ci, — et vous voyez qu'elle est assez lâche pour accepter votre dévouement... — Je l'accepte aussi, moi, monsieur! — J'ai voulu vous prouver que je savais tout, mais soyez sans crainte, je ne vous trahirai pas...

— Vis à vis du monde entier je vous tiens

pour ce que vous voulez être, c'est-à-dire pour un voleur nocturne, et je serai joyeux, je vous jure, de voir au bagne l'amant de ma femme!

En écoutant ces derniers mots Georges frissonna, non point pour lui, mais pour Marie.

— Elle est innocente..., — balbutia-t-il, — je vous le jure sur mon honneur.

— Votre honneur! — répéta le comte avec amertume ; — l'honneur d'un bandit, n'est-ce pas? — Nous verrons si vous parlerez de votre honneur sur les bancs de la cour d'assises!

Georges laissa tomber sa tête sur sa poitrine avec accablement. — Il comprenait un misérable... je ne vous demande pas de grâce...

Un lugubre silence suivit ces paroles.

La décomposition du visage de M. de Talmay était effrayante.

Le docteur semblait en proie à une indicible stupeur.

Le receveur général, à demi vêtu, murmurait entre ses dents :

— Je savais bien qu'il finirait mal, mais je ne me serais jamais douté qu'il irait si vite et si loin ! — Je lui refusais vingt mille francs ce soir, il trouve tout simple de les voler cette nuit ! — Ah ! le gredin ! — Quel dommage que le procureur du roi ne soit pas ici !

M. de Talmay, pâle comme la statue du

commandeur au festin de don Juan, marcha lentement jusqu'auprès de Georges. — Il le saisit par le bras et il l'entraîna dans l'angle le plus reculé du boudoir.

Là, il se plaça en face de lui, plongeant dans ses yeux son regard plus étincelant que celui du tigre qui va bondir sur sa proie, et il lui dit d'une voix assez basse pour n'être entendu que de lui seul et en le brûlant de son haleine :

— C'est vrai, vous êtes un misérable, — mais vous n'êtes pas un voleur.

— Monsieur le comte, — répondit Georges, — j'ai avoué mon crime... et d'ailleurs pouvais-je nier l'évidence ?... — J'appartiens à la justice désormais... — Livrez-moi... — je ne veux pas de pitié.

jamais fait pour une femme, je vais le faire pour vous, et vous saurez si je vous aimais!

Avec une rapidité presque fantastique, Georges franchit l'espace qui le séparait du petit meuble de bois de rose dans lequel, quelques heures auparavant, il avait vu madame de Talmay serrer les vingt mille francs. La lame de son couteau de chasse joua le rôle de ce levier puissant avec lequel Archimède se faisait fort de soulever le monde. — La serrure ne put résister à cette pression impétueuse, — le tiroir s'ouvrit, et, à l'instant précis où la porte arrachée de ses gonds s'écroulait, Georges saisissait le portefeuille et éparpillait les billets de banque sur le tapis du boudoir.

M. de Talmay s'élança.

Le docteur Martial, le receveur général, plusieurs des domestiques du château, se trouvaient à quelques pas en arrière, muets et haletants.

A la vue de Georges immobile et seul auprès du meuble brisé, à la vue des billets épars, le comte s'arrêta et jeta autour de lui un regard tout chargé de haine et de soupçons.

M. de Commarin saisit au vol l'expression de ce regard.

— Monsieur le comte... — balbutia-t-il d'une voix éteinte en cachant son visage dans ses deux mains, — j'étais ruiné... — j'étais perdu... — j'ai cru me sauver par un crime. — Dieu me punit... Dieu est juste... Je suis les déplorables événements de cette nuit. — Celui qui contreviendrait à mes ordres serait impitoyablement congédié... — Ne l'oubliez pas, et retirez-vous. — Je n'ai plus besoin de vos services cette nuit...

Cinq minutes après, le comte, le receveur général, le docteur et Georges se trouvaient dans le cabinet de travail transformé en geôle provisoire.

Deux heures s'écoulèrent. — Avons-nous besoin de dire que ces deux heures parurent bien longues au prisonnier et à ses gardiens ?

Enfin les pas de plusieurs chevaux retentirent sur les pavés de la cour. — On entendit résonner les éperons de grosses bottes dans les corridors du château.

Un brigadier et quatre gendarmes venaient d'arriver. — Georges fut remis entre leurs mains.

Le comte avait fait atteler une voiture.

M. de Commarin se plaça dans cette voiture entre le brigadier et un gendarme.

Les trois autres cavaliers servirent d'escorte, et l'équipage prit le chemin de Dijon.

Aussitôt que le bruit des roues eut cessé de se faire entendre, Henri s'assit à son bureau, attira devant lui une feuille de papier à lettre et écrivit les lignes suivantes :

« Cette lettre vous apporte une mauvaise nouvelle, ma chère Marie, et cet argent dont vous aviez si grand'peur de vous charger hier au soir nous a véritablement porté de travail. — Passez le premier. — Je vous avertis que je suis armé et qu'au besoin je me servirais de mes armes.

— Voilà une menace inutile, monsieur le comte... — répondit Georges avec une expression triste, mais résignée, — vous savez bien que je ne résisterai pas.

— Comment le saurais-je, monsieur ? — répliqua Henri, — j'étais bien loin de me douter aujourd'hui, qu'en serrant votre main je serrais la main d'un voleur.

— Un voleur !... — se disait Martial en même temps. — Non! non! c'est impossible! — Je connais Georges depuis vingt ans : — Georges est un imprudent, mais il ne peut être un infâme ! — L'évidence est là, je le sais; et pourtant, en face même de l'évidence, je ne me sens point convaincu. — J'aime mieux douter du témoignage de mes sens que douter de l'honneur de Georges ! — Ce qui se passe est étrange ! — Je devine un mystère funeste enseveli sous d'épaisses ténèbres ; mais, quel qu'il soit, je soulèverai les voiles... je sonderai les ténèbres... je saurai la vérité...

Un des domestiques s'était éloigné depuis un instant pour aller chercher les gendarmes.

M. de Talmay s'adressa aux autres valets :

— Faites en sorte, — leur dit-il, — que le sommeil de madame la comtesse ne soit point troublé, et donnez à vos camarades les instructions nécessaires afin que demain, à son réveil, elle n'apprenne par aucun d'eux qu'il était perdu et qu'il n'avait pas sauvé Marie !

Le comte se tourna vers les spectateurs de la scène que nous venons de raconter.

— Messieurs, — leur dit-il, — vous avez vu... — Fixez bien vos souvenirs, je vous prie, car vous aurez à déposer devant la justice des faits dont vous êtes les témoins... — Le flagrant délit est manifeste... — voilà le meuble brisé... — voilà les billets de banque... — voilà le coupable. — Il avoue son crime, d'ailleurs... et comment le nierait-il ? — Un de mes gens va monter à cheval et courir chercher la gendarmerie. — D'inutiles rigueurs me répugnent... je ne ferai donc point attacher les mains de cet homme que nous appelions notre ami il y a quelques heures... mais, jusqu'au moment où la force publique arrivera, je réclamerai votre assistance pour prévenir de sa part toute tentative de fuite.

Un sourire d'une étrange amertume vint aux lèvres de Georges.

— Puis-je compter sur vous, messieurs ? — continua Henri.

— Oui, certes... cher comte... ! — s'écria le receveur général, — je me mets absolument à vos ordres.

Martial se contenta de s'incliner affirmativement.

— Monsieur de Commarin..., — reprit le comte de Talmay, — nous allons quitter cette pièce et nous rendre dans mon cabinet malheur. — Voici les faits. — Je vais vous les raconter très brièvement, car le temps me presse :

« Cette nuit, pendant votre sommeil, je suis revenu au château pour y prendre quelques papiers importants que, par une inexplicable distraction, j'avais oublié d'emporter.

« Une lumière maladroitement dissimulée et des bruits suspects me firent soupçonner la présence d'un malfaiteur dans le boudoir où se trouvaient les vingt mille francs.

« Je me hâtai d'aller réveiller deux ou trois de nos amis et plusieurs domestiques, et je revins m'assurer avec eux du plus ou moins de fondement de mes craintes.

« Par malheur, je ne m'étais pas trompé

dans mes conjectures ! — Il nous fallut faire le siége du boudoir, car le voleur, surpris par nous en flagrant délit d'effraction, s'était enfermé pour gagner du temps...

« Jugez de notre surprise et de notre douleur à tous lorsque nous reconnûmes le misérable qui tenait encore à la main les billets de banque, auprès du meuble brisé ! Ce misérable était l'un de nos hôtes !... un homme qu'aucune accusation de ce genre ne semblait pouvoir atteindre !... — Georges de Commarin, en un mot !...

« Vous frémissez de stupeur et d'épouvante en apprenant ce nom, n'est-ce pas ? — A qui se fier désormais, grand Dieu ! — L'un de nos amis est un voleur ! rien ne prouve qu'un autre n'est pas un assassin ! — Il faut envelopper l'univers entier dans une suspicion générale ! Cela glace le cœur et fait frissonner !

« En face d'un crime si manifeste, si audacieux, et dont les témoins étaient si nombreux, il me restait à remplir un douloureux devoir, celui de livrer le coupable à la vindicte des lois,

« J'eus besoin, je vous l'affirme, de faire un appel à tout mon courage ; mais l'hésitation et la faiblesse m'étaient interdites dans une si terrible occurrence... — La gendarmerie, appelée par moi, vient d'emmener M. de Commarin à Dijon, et la justice prononcera sur son sort... — La condamnation sera sévère et méritée... — le bagne attend ce malheureux.

« Je ne puis rester au château jusqu'à votre réveil, chère Marie. — Vous savez que mes fonctions de juré me privent pour quelques jours de toute liberté d'action. — La nuit touche à sa fin, — l'heure me presse... — il faut partir.

« N'oubliez pas que vous m'avez promis votre bonne visite, et réalisez promptement cette charmante promesse. — Ce ne sera jamais assez vite au gré de mon impatience.

« Adieu, ou plutôt au revoir, — vous savez si je vous aime.

« HENRI. »

M. de Talmay cacheta cette lettre avec la même froide et complète impassibilité qu'il avait mise à l'écrire

Il prit un flambeau, il quitta son cabinet,

et traversant le salon de réception et le boudoir, il ouvrit la porte de la petite pièce qui communiquait avec l'escalier dérobé.

Ainsi qu'il s'y attendait, il trouva la comtesse étendue sans connaissance sur le tapis.

Un sourire d'une expression cruelle jusqu'à la férocité souleva ses lèvres.

Pendant quelques secondes il regarda avec une fixité étrange ce beau corps inanimé et cette tête pâle noyée dans des flots de cheveux blonds.

Alors sa physionomie changea, — ses yeux se remplirent de larmes qui coulèrent lentement et une à une sur ses joues.

— Comme je l'aimais!... — balbutia-t-il.
Mais cette émotion dura peu.

Les yeux se séchèrent et reprirent la métallique froideur de l'acier. — Le regard redevint sinistre et menaçant... — Ce même sourire dont nous avons déjà parlé contracta les coins de la bouche.

M. de Talmay, par un geste bizarre, appuya la main sur son cœur dont il sembla chercher les battements.

Au bout de quelques secondes, il secoua la tête, — et il dit presque à voix haute.

— Allons, c'est fini, — il est mort ! — il est bien mort ! — Fasse Dieu qu'il ne revive jamais !

Il se pencha ensuite vers la comtesse ; — il glissa la lettre que nous connaissons entre ses doigts roidis et crispés, puis, sans daigner jeter un dernier regard à la malheureuse femme, il s'éloigna d'un pas rapide.

Revenu dans son cabinet, il brûla la lettre anonyme qui lui avait été remise par Michel, en présence du procureur du roi, à la grille du parc, — lettre qui n'était autre qu'un billet sans orthographe, écrit par mademoiselle Flore pour se venger de sa maîtresse en prévenant M. de Talmay qu'un rendez-vous devait avoir lieu la nuit suivante entre la comtesse et Georges de Commarin.

Mademoiselle Flore, nous le savons, avait basé sa dénonciation sur de faibles indices ; mais nous savons aussi que le hasard l'avait bien servie.

La soubrette chassée pouvait être joyeuse

et fière, — elle allait être cruellement vengée !

Henri descendit aux écuries, — il se fit seller un cheval par le palefrenier de service, et il lança ce cheval au galop sur la route de Dijon.

Au moment d'entrer dans la ville, il rejoignit et il dépassa la calèche que les gendarmes escortaient.

— A LUI d'abord ! — se dit-il, — à ELLE ensuite !

Et il se dirigea vers l'hôtel du *Chapeau-Rouge*, où il descendit.

Au bout d'un peu moins d'une demi-heure, les portes de la prison se fermaient sur Georges.

# V

Le palais de justice.

Laissons s'écouler un intervalle de huit ou dix jours, et prions nos lecteurs de se transporter avec nous dans la salle d'attente qui précédait le cabinet du procureur du roi au palais de justice de Dijon.

Georges, interrogé par un juge d'instruction le jour même de son incarcération, avait répondu purement et simplement :

— J'ai volé! — Je ne songe point à nier mon crime, et d'ailleurs de nombreux témoins ont pu constater le flagrant délit. — Je ne demande qu'une seule chose : c'est qu'on simplifie pour moi, si faire se peut, les formes de la justice et qu'on me juge le plus tôt possible.

En parlant ainsi, M. de Commarin témoignait d'une grande ignorance du mécanisme judiciaire. — Avant d'arriver sur la sellette des accusés, le prévenu, quel qu'il soit, doit passer par une filière de formalités juridiques que rien ne saurait abréger.

Le baron d'Autrichard, à qui les circontances du vol supposé semblaient à bon droit étranges, s'était réservé exceptionnellement l'instruction et la conduite de cette affaire.

Aussitôt après la session des assises, il avait envoyé des assignations aux diverses personnes qui pouvaient, croyait-il, éclairer sa conscience par leurs témoignages, — car, nous le répétons, malgré le flagrant délit et malgré les aveux de Georges, il ne voyait que ténèbres là où le public croyait voir une lumière éclatante. — Ce qui paraissait complétement clair à tout le monde produisait sur lui un effet diamétralement opposé.

Plusieurs des hôtes habituels du château de Talmay se trouvaient réunis dans la salle d'attente dont nous avons parlé quelques lignes plus haut.

C'étaient le receveur général, — le docteur Martial, — le marquis de Vezay, — MM. de Luzzy et la baronne de la Margelle.

Le procureur du roi, arrivé depuis un instant dans son cabinet, se préparait à faire subir à Georges un interrogatoire et à le confronter avec les témoins.

Une vive discussion venait de s'engager entre Sylvanire et M. de Lesparre... — La douairière et le gros homme s'animaient à qui mieux mieux et défendaient leur dire avec une une conviction chaleureuse de part et d'autre.

— Ainsi, madame la baronne, vous soutenez que M. de Commarin n'est pas coupable ! — s'écriait le receveur général.

— Je le soutiens, oui, monsieur ! — répliquait Sylvanire, — et je le soutiendrai envers et contre tous !...

— Mais, madame la baronne, réfléchissez donc...

— Non, monsieur, — interrompit la douairière, je ne réfléchirai pas ! — Je suis certaine d'avoir raison, et tous les raisonnements du monde ne changeraient rien à ma certitude.

— Cependant, madame, nous avons vu, nous avons vu de nos propres yeux.

— Que prétendez-vous en conclure?

— Je prétends en conclure qu'un homme qui vient de forcer un meuble et d'empocher une grosse somme est parfaitement un voleur, et que je vous défie de l'appeler d'un autre nom! — Or, je vous le répète, nous avons vu le meuble brisé! — nous avons vu le portefeuille vide! — nous avons vu les billets de banque!... — Prétendrez-vous que nous avions tous la berlue?...

— Oui, monsieur, je le prétendrai.

— Mais, alors, selon vous, nous sommes des fous... des archifous?...

— Oui, monsieur, — oui, sans aucun doute!...

— M. de Talmay tout le premier...

— Eh! mon neveu plus que les autres! — Voulez-vous savoir ma façon de penser à son égard? — Eh bien! il s'est conduit dans ceci comme un vrai croquant!... — Il devait retirer sa plainte! — Je le lui ai demandé à dix reprises sans rien obtenir, — mais, jour de Dieu! je lui prouverai que Sylvanire de la

Margelle a de la rancune, et, s'il compte sur mon héritage, il risque fort de compter deux fois !...

— Déshéritez votre neveu si cela vous plaît, madame la baronne, voilà qui ne me regarde en aucune façon, mais au moins ne niez pas l'évidence !...

— Il me plaît de la nier.

— Et les aveux de M. de Commarin, les nierez-vous aussi ?

— Que Dieu m'en garde ! Je ne les nierai pas, et j'en prends avantage.

— Ah ! ah ! et comment les expliquerez-vous, s'il vous plaît ?...

— Le plus facilement du monde. — Le noble jeune homme dit qu'il est coupable...

— cela me démontre clair comme le jour qu'il est plus innocent que l'enfant à naître !

— Mais, madame, c'est antilogique ce que vous dites là !

— Je me moque pas mal de votre logique !
— Je juge avec mon cœur et non point avec mon esprit, et je connais des gens, pas bien loin d'ici, qui, n'ayant ni cœur ni esprit, seraient fort embarrassés d'en dire autant.

Le receveur général devint cramoisi comme un homard sortant de l'eau bouillante.

— Est-ce à moi que ceci s'adresse, madame la baronne? — demanda-t-il d'un air furibond.

— Prenez-le pour vous si vous voulez, — que m'importe ?

— Madame, il me déplaît fort, permettez-moi de vous le dire, d'être insulté si vertement à propos d'un coquin !

— Eh !... ce coquin vaut mieux que vous.

— Madame !...

— Monsieur ?...

— Ne me contraignez pas, en me faisant sortir de mon caractère, à vous manquer de respect !...

— Je n'ai que faire de votre respect, — et, quant à votre caractère, je vous engage, dans votre intérêt, à en sortir le plus vite possible et à n'y rentrer jamais !

— Je vous cède la place, madame, — je ne suis pas de force à lutter contre vous ! — Épousez M. de Commarin si cela vous plaît, et qu'il n'en soit plus question...

Et le receveur général accentua sa phrase par un rire sardonique qui porta au plus haut point le courroux de Sylvanire.

— Et si je l'épousais, monsieur, — s'écria-t-elle, — qu'auriez-vous à dire à cela, monsieur, s'il vous plaît?... — Eh bien, apprenez, monsieur, vous qui voulez faire le mauvais plaisant, que je serais prête à lui accorder ma main, monsieur, s'il me faisait l'honneur de me la demander!! — Apprenez que je me trouverais honorée de porter son nom, monsieur, et je crois que le mari de la baronne Sylvanire de la Margelle ne pourrait être soupçonné!!... Il me semble que ceci est net et catégorique!... Que pouvez-vous répondre, monsieur?...

— Pas un mot, madame, pas un mot.

— Et vous faites bien, jour de Dieu !! — Ah! si j'étais un homme, les choses ne se passeraient pas ainsi et je vous aurais déjà fait rentrer dans la gorge vos impertinences !!... Monsieur le receveur général, souvenez-vous que je vous prie de vouloir bien ne plus m'adresser la parole à l'avenir !!,..

— Je n'aurai garde de l'oublier, madame la baronne, soyez-en sûre !...

Sylvanire pirouetta légèrement sur ses talons afin de s'éloigner plus vite de son insupportable contradicteur.

Ce mouvement la mit face à face avec Martial qui venait de prêter une attention profonde à la discussion qui précède.

— Docteur ! — s'écria la douairière, —

j'espère bien que vous êtes de mon avis, et que vous ne condamnez pas impitoyablement et sans appel ce pauvre M. de Commarin?...

— Vous avez raison de le supposer, madame la baronne, — répondit Martial avec gravité. — Georges était l'un de mes plus chers amis, et, quelle que puisse être à son égard l'opinion publique, je ne saurais encore me résoudre à le croire coupable... coupable du moins sans excuses...

Sylvanire était absolument incapable de passer une heure entière dans la simplicité. — Ce fut donc avec force attitudes minaudières et force grâces enfantines qu'elle murmura de sa voix la plus grasseyante :

— Ah! docteur, cher docteur, que voilà donc de bonnes paroles !... — Tenez, sans mon respect pour les convenances, je vous embrasserais!... — Oui, ma parole d'honneur, je me sens la plus folle envie de vous embrasser!!...

Martial recula instinctivement.

Il craignait que la *folle envie* de la baronne ne se trouvât plus forte que *le respect pour les convenances...*

Hâtons-nous d'ajouter qu'il en fut quitte pour la peur. — Sylvanire de la Margelle, craignant sans doute de compromettre les frais pastels de son visage, ne donna pas suite à sa velléité d'accolade.

— Madame la baronne, — reprit Martial. — j'aurai l'honneur de vous demander des nouvelles de madame de Talmay

— Ah! docteur, elle ne va pas bien, la pauvre enfant... — elle m'inquiète...

— Eh quoi! serait-elle gravement souffrante?...

— J'en ai peur...

— Pourquoi ne m'a-t-on pas fait appeler?...

— C'est ce que j'ai dit plus d'une fois... — Hier encore je répétais à cette chère Marie : *Pourquoi ne pas faire venir notre excellent ami, le docteur Martial ?* — Elle secoue la tête et répond qu'elle n'a besoin d'aucuns soins et qu'elle ne veut voir personne...

— Il fallait insister et me mander quand même.

— Bah ! elle aurait été capable de s'enfermer dans son appartement et de refuser d'en sortir.

— Mais cette disposition funeste, d'où vient-elle, et quels sont les symptômes de l'état maladif de madame de Talmay ?...

— Depuis l'événement qui nous préoccupe tous si vivement, — et qu'elle n'a d'ailleurs appris que le lendemain matin, par une lettre de son mari, — ma pauvre nièce est d'une effrayante pâleur ; — son appétit et son sommeil ont tout à fait disparu ; — elle ne se plaît que dans la solitude absolue ; — moi-même, docteur, moi-même, le croiriez-vous je ne trouve point grâce auprès d'elle ?... — elle me fuit, et ma présence semble l'importuner... C'est bien invraisemblable, n'est-ce pas? et cependant je vous jure que c'est la vérité la plus littérale... — J'ajouterai que ses paupières gonflées et rougies me donnent lieu de supposer qu'elle pleure du matin au soir et du soir au matin...

— Pourquoi ces larmes?...

— Qui le sait?... — Impossible de tirer d'elle un seul mot à ce sujet ! — et d'ailleurs, — ajouta la douairière, — un habile homme du bon vieux temps a dit littéralement ceci : *Le cœur des femmes est un abîme dont on ne peut pas sonder le fond!...* — Je m'en tiens à cette définition qui me paraît exacte et j'ajoute que bien fin serait celui qui viendrait à bout de lire les secrets du cœur de ma nièce...

§

Le moment est venu de pénétrer dans le cabinet du procureur du roi.

Ce cabinet était une grande pièce d'un style sévère, boisée en chêne, meublée de quelques fauteuils de forme ancienne et d'un vaste bureau surchargé de dossiers... – il avait pour tout ornement un portrait de Charles X et un crucifix d'ivoire dans un cadre de velours noir.

Le baron d'Autrichard, l'air soucieux et préoccupé, échangeait quelques mots à voix basse avec son secrétaire, lorsque deux gendarmes introduisirent Georges de Commarin par un couloir particulier qui permettait d'arriver au cabinet sans traverser la salle d'attente.

Obéissant à un sentiment d'humanité facile à comprendre, le procureur du roi avait donné l'ordre de ne pas mettre de *menottes* au prévenu pour le conduire de la prison au palais.

Georges, entierement vêtu de noir et habillé avec le même soin et la même correction que s'il se disposait à aller au bal, avait beaucoup changé depuis une semaine.

Il semblait vieilli de dix ans. — Sa pâleur offrait des tons bleuâtres effrayants à voir. — Ses lèvres mêmes étaient blanches.— Un large cercle de bistre entourait l'orbite cave de ses yeux agrandis.

Il salua profondément M. d'Autrichard qui lui répondit par une faible inclination de tête et lui fit signe de s'asseoir.

Georges, extrêmement affaibli par de longues insomnies et de douloureuses préoccupations, se laissa tomber sur une chaise en face du bureau.

— Messieurs, — dit le procureur du roi aux deux gendarmes, — retirez-vous dans le couloir et restez à portée de ma voix.

Aussitôt après leur retraite, l'interrogatoire commença par les formules habituelles qu'il nous paraît tout à fait inutile de répéter.

— Dans la nuit du 4 au 5 octobre dernier, — dit ensuite le magistrat, — entre une et deux heures du matin, vous avez été surpris dans une pièce du château de Talmay, auprès d'un meuble brisé... — Ce meuble avait renfermé des billets de banque qui se trouvaient épars autour de vous sur le tapis... — Tout ceci est-il exact?

— Oui, monsieur.

— Le meuble brisé l'avait-il été par vous?...

— Oui, monsieur.

— Dans quel but?

— Dans le but de m'emparer de la somme qu'il contenait.

— Ainsi, vous maintenez les premiers aveux faits par vous le jour même de votre arrestation?

— Je les maintiens.

— A quel moment la pensée du crime vous est-elle venue?

— Au moment où j'ai vu madame de Talmay serrer dans un tiroir du chiffonnier le portefeuille qui contenait les billets de banque.

— Vous rendez-vous bien compte de la gravité des paroles que vous venez de prononcer et qui prouvent de votre part la préméditation la plus complète ?

— Oui, monsieur, et j'en accepte les conséquences.

— De quelle façon vous y êtes-vous pris pour réaliser votre projet ?

— J'ai attendu que tout le monde fût couché et endormi dans le château... — J'ai quitté ma chambre, — j'ai pénétré dans le boudoir, et j'ai opéré l'effraction du meuble en me servant de la lame de mon couteau de chasse comme d'un levier.

— La porte communiquant du grand salon au boudoir était-elle fermée derrière vous?

— Oui, monsieur.

— A clé?

— Non, monsieur. — Je n'ai fait tourner la clé dans la serrure que lorsque j'ai entendu dans le salon un bruit m'annonçant que j'allais être surpris.

— Qu'espériez-vous en vous enfermant?...

— Gagner du temps et m'enfuir par la fenêtre.

— Pourquoi ne l'avez-vous pas tenté?

— Parce j'ai vu du monde sur la terrasse, ce qui rendait impossible la retraite par cette voie.

— Vous possédiez une arme qui dans vos mains pouvait devenir terrible. — Comment se fait-il que vous ne vous soyez point servi de cette arme pour échapper à ceux qui vous surprenaient?

— Je n'ai pas reculé devant un vol, mais j'aurais reculé avec horreur devant un meurtre...

Après une pause de quelques minutes, le procureur du roi reprit la parole.

— Depuis votre arrestation, — dit-il, — j'ai rempli mon devoir de magistrat en fouillant dans votre passé. — Au milieu des innombrables folies d'une jeunesse orageuse, j'ai trouvé la preuve que votre probité avait été irréprochable et inattaquable jusqu'au jour fatal!... — Quelles circonstances vous ont conduit à répudier soudainement ce passé d'honneur, et à débuter dans le crime, non pas seulement par une indélicatesse, mais par un vol qualifié?

— J'étais ruiné complètement — Je n'avais plus que la misère en perspective.

— Mais vingt mille francs ne constituent point une fortune pour celui qui, comme vous, a dévoré des sommes immenses.

— Ces vingt mille francs me permettaient du moins de payer une dette pressante et de sauver ma liberté, menacée par une prise de corps...

— Ainsi, vous deviez être arrêté?

— Le lendemain, si je ne payais pas.

— Et vous avez volé pour payer?

— Oui, monsieur.

Le procureur du roi donna l'ordre d'introduire le receveur général, à peine remis de sa véhémente discussion avec la baronne de la Margelle.

M. de Lesparre chargea Georges à outrance.

Il avait été, nous le savons, l'un des témoins du flagrant délit. — Il raconta en outre, avec les plus grands détails, la tentative d'emprunt que M. d'Autrichard connaissait déjà.

Il termina en s'écriant :

— L'homme qui, sous le fallacieux prétexte de l'intimité, et sur le terrain neutre d'une maison amie, cherche à emprunter astucieusement vingt mille francs en sachant bien qu'il ne les rendra jamais, cet homme est capable de tout !... — Je l'ai toujours pensé, et M. de Commarin a bien prouvé que je ne me trompais pas.

— Vous pouvez vous retirer, monsieur, — dit le procureur du roi.

M. de Vezay et MM. de Luzy ne savaient exactement rien. — Le premier avait dormi toute la nuit. — Les deux autres étaient partis du château longtemps avant l'heure du vol... — Les dépositions furent par conséquent fort insignifiantes, ou plutôt tout à fait nulles.

Martial Herbelin leur succéda.

A la vue de son ami, un pâle sourire vint aux lèvres de Georges... — Pendant quelques secondes un rayon de joie éclaira son visage dévasté, lorsqu'il eut la certitude que le regard du docteur exprimait la compassion et non pas le mépris.

Après avoir déposé de ce qu'il avait vu, Martial ajouta :

— Monsieur le procureur du roi, le crime me paraît, comme à vous, manifeste, et cependant je vous jure sur mon honneur que je ne crois pas au crime.

Georges tressaillit et l'angoisse la plus vive se peignit dans ses yeux.

— Et sur quelles raisons vous appuyez-vous pour lutter ainsi contre l'évidence?... — demanda le magistrat, surpris de rencontrer chez un homme dont il reconnaissait le rare bon sens et l'esprit élevé, une pensée si conforme à la sienne.

— Je m'appuie sur ma connaissance approfondie du caractère et du cœur de M. de Commarin — répliqua le docteur. — Georges est un camarade de mon enfance, — un ami de ma jeunesse... — j'ai lu dans son âme en tout temps comme dans un livre ouvert... — j'ai toujours cru, je crois encore aujourd'hui, qu'il est aussi incapable que moi-même d'une action déshonorante..., — Il volait vingt mille francs, dit-il, pour payer une dette et reconquérir sa liberté menacée...

— Il vous trompe, monsieur le procureur du roi, car, ces vingt mille francs, je venais de les lui offrir deux heures auparavant.

— Ainsi, — fit le baron d'Autrichard, —

vous mettiez à sa disposition la somme que le receveur général venait de lui refuser?...

— Oui, monsieur, et le lendemain matin il devait venir la toucher chez mon banquier, ici même.

— Monsieur le procureur du roi, — s'écria Georges en intervenant vivement, — le docteur Martial, de qui j'avais l'honneur d'être l'ami et que je remercie du fond de mon âme de l'estime qu'il me conserve malgré mon abaissement, ne vous dit pas la vérité tout entière.

— Expliquez-vous.

— J'ai hâte de le faire. — Oui, il est exact que Martial s'est approché de moi aussitôt après le refus du receveur général de venir à mon aide, et qu'il m'a généreusement offert les vingt mille francs dont j'avais besoin... — Mais un peu plus tard, dans la soirée, il a retiré cette offre, ou du moins il l'a subordonnée à des conditions qui ne furent point acceptées par moi et qui ne pouvaient pas l'être.

— Quelles étaient ces conditions inacceptées ? — demanda M. d'Autrichard.

— Permettez-moi de ne pas répondre...
— Ne vous suffit-il point de savoir que je ne devais plus compter sur l'argent de Martial, ce qui, fatalement et plus que jamais, me ramena à l'idée du crime !

— Docteur !... — reprit le magistrat en s'adressant au jeune médecin, — la justice a besoin de tout connaître pour tout comprendre et pour s'éclairer. — Le prévenu refusant de me satisfaire, je vous adresse la question à laquelle il refuse de répondre...

Georges lança à Martial un regard dont ce dernier comprit l'expression suppliante.

— Monsieur le procureur du roi, — dit-il avec hésitation, — il s'agit d'un secret qui ne m'appartient pas... — Le nom d'une femme qui n'est point et qui ne peut point être en cause devrait être prononcé, et je crois que mon honneur m'impose impérieusement la loi de garder le silence.

— Soit, monsieur, — fit le magistrat après une pause.

Puis à Georges ;

— Pourquoi m'avez-vous appris vous-même tout à l'heure que le docteur Martial avait retiré l'offre bienveillante qui, en vous sauvant d'un immense embarras, rendait inutile le vol que vous vous disposiez à commettre?

— Je vous l'ai dit parce que c'est la vérité.

— Vous tenez donc beaucoup à être reconnu coupable, puisque vous mettez un étrange empressement à combattre les faits qui sembleraient militer en votre faveur, et puisque vous soutenez l'accusation contre vous avec plus d'insistance que le ministère public lui-même?

— Je tiens à ce que justice soit faite, — murmura Georges, non sans embarras.

— Ce sentiment est louable assurément, mais voici la première fois que je le rencontre chez un prévenu depuis que j'ai eu l'honneur d'être appelé à remplir les fonctions de procureur du roi... — Savez-vous, monsieur, qu'à voir l'ardeur que vous mettez à vous faire déclarer coupable, on pourrait croire que vous n'avez une si grande hâte d'être condamné que pour sauver le vrai criminel, et que cet amour de la justice qui vous anime en apparence, n'est en réalité qu'un dévouement étrange!

La pâleur de Georges augmenta visiblement.

— Monsieur le procureur du roi, — balbutia-t-il, — cette supposition serait insensée... — Il n'y a pas, il ne saurait y avoir d'autre coupable que moi... — Mes aveux sont complets... — que voulez-vous de plus?...

— La vérité, — répondit le magistrat d'un ton sévère.

Et aussitôt il donna l'ordre d'introduire la baronne de la Margelle.

Sylvanire, en entrant dans le cabinet, fit au procureur du roi une révérence de la bonne école et courut à Georges dont elle prit les deux mains qu'elle serra dans les siennes avec un véritable transport, en s'écriant :

— Mon Dieu, ce pauvre cher ami, comme il est pâle!! — Est-il bien possible de l'avoir mis dans une prison, pêle-mêle avec de vils criminels!! Ah! quelle horreur!! — quelle horreur!! — Mais votre innocence sera reconnue, cher monsieur, et vous sortirez de tout ceci plus blanc que neige ! — Je n'ai jamais douté de vous, moi, entendez-vous bien ? jamais de la vie ! et je romps des lances du matin au soir avec ceux qui vous attaquent ! — Tenez, pas plus tard que tout à l'heure, j'ai vertement rembarré, je vous le jure, ce vilain receveur général, — une vraie vipère !... — Demandez plutôt au docteur Martial... — encore un véritable ami, celui-là, et qui ne vous abandonnera pas, je vous en réponds !!

Puis Sylvanire, s'installant dans le fauteuil préparé pour elle, continua en s'adressant au procureur du roi :

— J'espère bien, monsieur le baron, que vous ne comptez en aucune façon sur moi pour accuser M. de Commarin ! — Je vous déclare en mon âme et conscience que ceux qui prétendent qu'il a volé, sont des fous ou de méchantes gens ! — Voler... lui... — allons donc !... — voler vingt malheureux mille francs ! — Eh ! s'il avait besoin d'argent, croyez-vous par hasard que la bourse de ses amis ne se serait pas ouverte pour lui bien au large ? Et tenez... pour ne parler que de moi, j'ai quarante mille livres de rente, et, si M. de Commarin m'avait fait l'honneur de me prier de lui prêter cent mille francs, je ne me le serais pas fait répéter deux fois, et je lui déclare ici même que je tiens tout à fait à sa disposition les cent mille francs en question.

Le procureur du roi attendit avec patience que le fleuve des paroles de la douairière se fût épuisé quelque peu par l'impétuosité même de son cours.

Ce qu'il avait prévu arriva.

La baronne essoufflée fut contrainte de s'interrompre afin de reprendre haleine.

M. d'Autrichard profita de cet entr'acte pour demander :

— Mais enfin, madame la baronne, comment prétendez-vous expliquer la présence de M. de Commarin dans le boudoir du château de Talmay, entre une et deux heures du matin, pendant la nuit du vol?

— Je ne l'explique pas... je n'ai garde de l'expliquer! — répondit Sylvanire avec feu, — mais enfin le champ des conjectures est large, et je crois qu'il ne serait nullement difficile de faire un nombre infini de suppositions, toutes plus acceptables qu'un vol impossible. — Il me semble, par exemple, qu'un rendez-vous d'amour paraîtrait quelque chose d'un peu moins invraisemblable qu'un crime...

Une contraction passagère, — qui n'échappa point au regard d'aigle de M. d'Autrichard, — bouleversa le visage de Georges.

Ce fut, du reste, l'affaire d'un instant, et le jeune homme reprit son expression calme et résignée.

— C'est là que doit être la vérité... — pensa le procureur du roi, — mais M. de Commarin se taira jusqu'au bout.

Puis il reprit:

— Vous oubliez, madame la baronne, qu'un meuble a été brisé, qu'une tentative de vol a eu lieu... Un rendez-vous d'amour n'expliquerait rien de tout cela.

— Monsieur le baron... — reprit madame de la Margelle, — voulez-vous que je vous raconte une petite histoire qui m'a été racontée à moi-même par un colonel de ma connaissance... un des bons amis de feu mon mari ?

— Mais... madame la baronne, quel rapport... ?

— Le rapport est plus grand que vous ne pensez et pourra vous faire paraître assez clair ce qui nous semble en ce moment très obscur.

— Parlez, madame la baronne, je vous écoute.

Sylvanire commença.

— Le colonel en question, — dit-elle, — était le plus bel homme de son régiment dont aucun homme cependant n'avait moins de cinq pieds huit pouces, et je vous assure que ses bonnes fortunes ont fait du bruit en France et même à l'étranger. C'était don Juan, c'était Lovelace, et sans être fat il pouvait chanter :

> J'ai longtemps parcouru le monde,
> Et l'on m'a vu de toute part
> Courtisant la brune et la blonde,
> Aimer, triompher au hasard !...

Or, un jour, — ceci se passait dans un château d'Allemagne, — le colonel avait rendez-vous avec une belle dame qui s'appelait Wilhelmine, comme toutes les Allemandes, dans un boudoir où se trouvait un coffret rempli de bijoux. — Tandis que le colonel et Wilhelmine causaient de leurs affaires de cœur, une fenêtre s'ouvre, un homme, un domestique du château, s'élance dans le boudoir, met le coffret sous son bras et dit au colonel stupéfait et à la baronne épouvantée : — *Madame et monsieur, vous pouvez compter sur ma discrétion comme je peux compter sur la vôtre. — Vous ne me connaissez pas et je n'ai rien vu. — Bonsoir !* — Et le hardi coquin s'en alla comme il était venu, bien certain de la discrétion des deux amoureux qui ne pouvaient le trahir sans se trahir eux-mêmes, et qui s'estimèrent heureux de ne le point dénoncer, à la condition de n'être point denoncés par lui au mari, qui était bourru et brutal.

— Vous comprenez comme moi, monsieur le procureur du roi, que si le colonel avait été accusé du vol des bijoux, il se serait laissé condamner bel et bien, et dix fois pour une, plutôt que de révéler le nom du voleur et de mettre par conséquent à la merci de ce misérable l'honneur de Wilhelmine... — Voilà l'anecdote. — Or, rien ne nous prouve que quelque chose de semblable ou d'équivalent ne s'est point passé au château de Talmay, et voilà une explication toute trouvée, et assez plausible ce me semble, pour les faits qui vous paraissent si ténébreux...

— Monsieur le procureur du roi, — dit Georges avec véhémence aussitôt que Sylvanire eut achevé son récit, — madame la baronne vient de vous conter un roman qui ne prouve rien, sinon son désir bienveillant de m'arracher à la triste situation où me voilà. — Je me sens fier, dans mon infortune méritée, de l'intérêt que j'inspire encore à mes anciens amis ; mais malheureusement je suis coupable, et toutes les tentatives du monde ne parviendront point à me faire paraître innocent.

— Accusez-vous tant qu'il vous plaira, cher monsieur, — répliqua Sylvanire, — mais nous vous sauverons malgré vous, et peut-être bien que si je parlais de certain billet...

— Madame... madame... — interrompit Georges d'un air égaré, en tirant de sa poche et en dirigeant contre sa poitrine la pointe d'un petit couteau catalan qu'on n'avait pas eu la pensée de lui enlever, — pas un mot de plus, sinon je me tue à l'instant !...

Le procureur du roi vit bien que M. de Commarin ne reculerait pas devant la réalisation de cette menace. — Son visage décomposé et ses yeux étincelants exprimaient toute l'énergie d'une résolution terrible.

Sylvanire poussa un cri aigu et fit mine d'avoir une attaque de nerfs. — Cependant elle se contint.

— Calmez-vous, je vous en supplie, — dit le magistrat à Georges, — la déposition de madame la baronne est terminée... — quant à présent du moins, — ajouta-t-il tout bas d'une façon un peu jésuitique.

Georges respira.

M. d'Autrichard agita une sonnette et demanda à l'huissier qui vint prendre ses ordres :

— Quelles sont les personnes qui se trouvent encore dans la salle d'attente?...

— Monsieur le comte de Talmay, — répondit l'huissier.

— Faîtres entrer.

Henri se présenta aussitôt.

— Monsieur le comte, — lui dit le procureur du roi, — j'ai fait adresser une assignation à madame la comtesse... — Comment se fait-il que je vous voie seul !

— Je suis ici, monsieur le baron, pour vous apporter les excuses de ma femme...

— Elle ne viendra pas ?...

— Il lui est malheureusement impossible de quitter en ce moment le château...

— Et pour quelle raison ?

— Madame de Talmay est très souffrante, — assez souffrante pour garder le lit ; — sa faiblesse m'inquiète, et je crains fort que d'ici à quelque temps elle ne puisse faire le voyage de Dijon...

Le procureur du roi se tourna vers Martial.

— Si je ne me trompe, — lui dit-il, — c'est vous qui êtes le médecin de madame la comtesse.

— Oui, monsieur le baron, c'est moi.

— Son état offre-t-il en effet assez de gravité pour empêcher un déplacement ?

— Je ne saurais répondre à cette question. — Je n'ai pas été appelé au château.

— Voilà qui est singulier... — fit le procureur du roi en secouant la tête.

— Monsieur le baron, — dit vivement le comte de Talmay, — j'ai dû me conformer aux désirs de ma femme, qui ne veut voir personne et qui refuse de faire une exception pour le docteur.

— Madame la baronne de la Margelle me disait tout à l'heure, — ajouta Martial, — que la comtesse de Talmay était véritablement très souffrante et se complaisait dans un isolement absolu...

— Dans ce cas, — reprit le magistrat, — j'irai demain moi-même au château, car je ne saurais retarder plus longtemps l'audition de la comtesse...

— Je crains que vous ne preniez une peine sans résultat, monsieur le baron, — fit Henri avec un trouble manifeste ; — ma femme ne pourra vous donner aucun renseignement, — elle ne sait rien, — elle n'a rien vu. — C'est par moi seul qu'elle connaît quelques-uns des détails de la triste affaire qui nous occupe... — à quoi bon l'interroger, puisque vous avez la certitude de ne rien apprendre par elle ?...

— Je me crois le seul juge de ce qu'il est utile et convenable de faire, monsieur le comte, — répliqua sèchement le procureur du roi, — et je suis surpris de l'insistance que vous semblez mettre à m'empêcher de communiquer avec madame de Talmay...

— Je vous répète que j'irai demain au château...

Le comte s'inclina sans répondre.

Son front plissé, sa rougeur subite, le frémissement de ses lèvres, décelaient clairement le dépit et l'inquiétude qui s'emparaient de lui.

Au moment où il se relevait, en s'efforçant d'éteindre sous ses paupières abaissées le feu de ses regards, la porte du cabinet s'ouvrit et l'huissier annonça :

— Madame la comtesse de Talmay.

## VI

#### L'arrêt.

Ce nom jeté à l'improviste au milieu des personnages rassemblés dans le cabinet, produisit un véritable coup de théâtre.

Le visage du procureur du roi exprima un prodigieux étonnement.

M. de Talmay s'efforça de commander à son trouble, mais la rougeur de son front et et de ses joues disparut pour faire place à la plus mortelle pâleur.

Georges tressaillit sur son siége comme s'il venait de recevoir en plein cœur la décharge d'une formidable pile de Volta.

Martial eut aux lèvres un sourire dont la signification n'était pas douteuse.

— Voici du renfort qui nous arrive !! — pensait le jeune homme.

Sylvanire leva ses mains et ses yeux vers le plafond à travées de chêne peintes de bleu et de vermillon, et elle murmura :

— Que veut dire cela ? — Je prévois qu'il va se passer ici quelque chose de très dramatique !!...

Cependant la comtesse venait de franchir le seuil, et d'un pas chancelant elle s'avançait vers le procureur du roi qui s'était levé en la voyant paraître.

Un seul regard jeté sur la jeune femme prouvait jusqu'à l'évidence que le comte 'avaint point menti en la disant gravement malade.

Marie se soutenait à peine.

Elle était entièrement vêtue de deuil comme pour une cérémonie funèbre,— son chapeau de crêpe noir, sans ornements, rendait plus frappante la blancheur presque effrayante de son visage morne qui ressemblait à un masque de cire vierge avec une tache d'un rouge vif sur chaque pommette.

Un double sillon d'azur, qu'on eût dit

tracé au pinceau, ombrait le contour de ses paupières. — Une longue mèche de ses cheveux blonds en désordre s'échappait de la passe de son chapeau et flottait sur son cou.

Elle semblait chanceler en marchant, et sa taille frêle et souple ployait comme un roseau brisé.

M. de Talmay s'élança à sa rencontre avec un empressement si naturellement joué, que le plus clairvoyant en aurait été la dupe.

— Chère Marie,—s'écria-t-il,— quelle imprudence!! — Pourquoi venir ainsi toute seule?... Pourquoi n'être point partie avec moi, puisque vous vous sentiez en état de supporter le voyage?...

Et il fit le geste de l'envelopper de son bras comme d'une écharpe.

Mais la comtesse, sans lui répondre et en repoussant doucement le bras qu'il étendait vers elle, continua de s'avancer et ne s'arrêta qu'à quelques pas du baron d'Autrichard.

— Monsieur le procureur du roi, — dit-elle d'une voix lente et sans inflexions, comme celle d'une somnambule qui parle pendant le sommeil magnétique, — vous m'avez fait appeler, je me rends à vos ordres.

— Madame la comtesse, — répondit le baron, — je suis désespéré que vous ayez quitté votre maison dans l'état de souffrance où je vous vois. — Je me serais transporté demain au château de Talmay afin de vous entendre.

— Interrogez-moi, monsieur, — il me reste, grâce à Dieu, assez de force pour vous répondre.

— Monsieur le procureur du roi, — s'écria Henri, — voyez !... madame la comtesse peut à peine se tenir debout. — Je vous en conjure au nom de l'humanité, remettez votre interrogatoire à demain.

— Au nom de la justice, — répliqua Marie, — ne retardez pas d'une heure ce qui doit se faire sur-le-champ. — Déjà ma conscience me reproche d'avoir trop longtemps attendu.

Georges s'était levé, — un tremblement convulsif agitait ses membres, — de grosses gouttes de sueur coulaient sur son front...— ses yeux secs et brûlants se fixaient avec une sorte d'égarement, tantôt sur le procureur du roi et tantôt sur la comtesse.

Martial s'approcha de lui et pressa sa main avec force en lui disant tout bas :

— Courage !

— Interrogez-moi ! — répéta Marie.

— Je n'ai qu'une seule question à vous adresser, madame, — fit le magistrat. — Cette question, la voici : — Que savez-vous au sujet du vol dont M. de Commarin se reconnaît l'auteur ?...

— Je sais que M. de Commarin est innocent et qu'il se perd volontairement pour me sauver... — répondit Marie simplement.

— Pour vous sauver, madame !... — répéta le procureur du roi avec stupeur.

— M. de Commarin n'était pas seul dans le boudoir du château de Talmay quand mon mari en a brisé la porte, — poursuivit la comtesse, — et c'est afin de cacher ma présence et de sauvegarder mon honneur qu'il sacrifie aujourd'hui le sien, — mais je n'accepte pas ce sacrifice, et je vous dis la vérité.

Pendant la courte déclaration de la jeune femme, Sylvanire trépignait d'enthousiasme.

— Ah! que c'est grand! que c'est beau! que c'est sublime! — balbutiait-elle. — Il me semble que je lis un roman bien pathétique! — Vertu de ma vie! mon neveu n'était pas digne d'avoir une femme comme celle-là!...

Lorsque Marie eut achevé, deux cris s'échappèrent à la fois des lèvres de Henri et de celles de Georges... — ceux-ci :

— Elle est folle !

— Elle est en délire !...

Et l'un comme l'autre ils ajoutèrent :

— Au nom du ciel, ne la croyez pas !

— Docteur, — fit le magistrat en s'adressant à Martial, — éclairez la justice. — Quel est en ce moment l'état moral de madame de Talmay ?

Georges glissa furtivement dans l'oreille de son ami cette phrase menaçante :

— Sauve-la, ou je me tue !

Martial s'approcha de la comtesse.

— Docteur, — lui dit la jeune femme en

souriant d'un triste sourire, — voici mon bras... je vous le donne avec confiance...

Le médecin appuya son doigt sur la veine de ce bras blanc et poli comme un marbre antique, puis il attacha pendant quelques secondes ses regards sur les yeux de Marie.

— Eh bien?... — demanda le magistrat.

— Monsieur le procureur du roi, — répondit Martial d'un ton assuré, — des émotions trop fortes, dont vous connaissez l'origine, ont amené à leur suite une fièvre violente accompagnée de transport au cerveau et par conséquent d'une perturbation momentanée des facultés intellectuelles... — La justice ne saurait s'appuyer en ce moment sur le témoignage que vous venez d'entendre... — Madame la comtesse est en délire, et le délire n'est autre chose qu'une folie passagère...

— Merci ! — murmura Georges, — tu es un ami selon mon cœur... — oh ! merci !...

Le visage de Marie s'empourpra.

— Monsieur, — dit-elle en s'approchant impétueusement de son mari qui s'était reculé de quelques pas et dont les traits offraient une indicible expression de haine et de triomphe, — vous savez bien que je ne suis pas en délire ! vous savez bien que je ne suis pas folle ! — Dites-le donc ! dites-le donc !

— Chère Marie, — répliqua M. de Talmay d'un ton si bas et si doux que sa femme seule entendit ses paroles et que les spectateurs de cette scène purent croire qu'il lui parlait comme on parle aux enfants malades pour les calmer et les consoler, — ou vous êtes folle en effet, et alors cet homme est un voleur qu'il faut envoyer au bagne... — ou vous avez tout votre bon sens, et alors cet homme est votre amant... — Le raisonnement est vigoureux et à deux tranchants, comme vous voyez ! — Oui, c'est vrai, vous n'êtes pas folle, je le sais ; mais il me plaît de le laisser croire ! — La justice, qui me vengera de lui, me vengera de vous en même temps !

— Ah ! — cria Marie d'une voix étranglée, — vous êtes un lâche !

Elle battit l'air de ses mains étendues, et elle serait tombée à la renverse sans connaissance si son mari ne l'avait reçue dans ses bras.

— Ciel! — glapit Sylvanire éperdue et reprise incontinent d'une velléité d'attaque de nerfs, — ma nièce évanouie! Ah! grand Dieu! je sens que je vais m'évanouir aussi. — Non! — ajouta-t-elle aussitôt en *aparte*, décidément je ne m'évanouirai pas... — le temps me manque... — Il faut que je prodigue mes soins à cette chère enfant... il le faut!...

Et elle sautilla jusqu'auprès du fauteuil dans lequel M. de Talmay venait d'étendre sa femme.

Marie, toujours inanimée, fut portée dans une pièce voisine qui formait une sorte de petit salon et dans laquelle se trouvait un lit de repos.

Sylvanire et Martial s'y rendirent aussitôt

afin d'employer les moyens les plus efficaces pour mettre fin à l'évanouissement de la comtesse.

Au moment de quitter le cabinet, Martial s'approcha du procureur du roi et le prit à part pour lui dire :

— Je ne m'adresse pas au magistrat, — je parle à l'homme. — J'ai l'honneur d'affirmer à M. d'Autrichard que madame de Talmay jouit en ce moment de tout son bon sens et qu'elle n'a dit que la vérité.

— Je le savais... — murmura le procureur du roi.

Henri se disposait à suivre le docteur.

— Restez, monsieur, je vous prie... — fit le magistrat.

— Cependant, l'état dans lequel se trouve madame de Talmay me paraît réclamer impérieusement ma présence, — dit le comte.

— Je crois que c'est une erreur. — Madame la comtesse est entourée de soins suffisants, et vous me permettrez de douter qu'il lui doive être fort agréable de vous trouver en face d'elle au moment où elle ouvrira les yeux.

— Soit, monsieur, — je vous obéis.

Et Henri s'assit, mais avec une expression vive de contrainte et d'impatience.

— Monsieur le comte, — demanda le magistrat, — vous plairait-il de satisfaire ma curiosité au sujet d'un point qui n'a pas encore été éclairci?

— De quoi s'agit-il, monsieur?...

— De ce que vous avez fait de votre temps dans la nuit du 4 au 5 octobre, à partir de l'heure où vous m'avez quitté tout à coup à la grille du parc, jusqu'à celle où vous êtes arrivé au château si fort à propos pour y surprendre M. de Commarin en flagrant délit de vol.

— L'emploi de mon temps? — répliqua Henri. — Mais vous le connaissez... — je ne vous en ai pas fait mystère.

— Sans doute, mais les motifs parfaitement plausibles que vous avez allégués pour vous séparer de moi, n'expliquent en aucune façon votre retour au château pendant la nuit. — Ils le rendent invraisemblable, au contraire, et c'est la raison véritable de ce retour que je tiendrais particulièrement à connaître.

— Elle est bien simple... — des papiers oubliés.

— Quels papiers?

— Des papiers relatifs à une affaire.

— Quelle affaire?

M. de Talmay ne répondit pas tout d'abord, et ce ne fut qu'au bout d'un instant qu'il parla d'un procès engagé, — de pièces de procédure, — d'une visite à faire à son avoué, etc...

Le procureur du roi reprit :

— Qu'est devenu le billet remis dans vos mains en ma présence par le garde Michel et qui vous a décidé à vous séparer de moi brusquement?

— Je l'ai brûlé.

— Voilà qui est fâcheux, — j'avais un désir très vif de le parcourir. — J'espère du moins que vous ne refuserez point de me faire connaître le nom de la personne par laquelle il avait été écrit.

Le comte de Talmay se leva.

— Monsieur le baron, — dit-il, — je ne répondrai pas plus longtemps ! — Vos questions m'étonnent et me blessent, et je ne puis comprendre pourquoi vous me les adressez... Ce que j'ai fait ne regarde que moi seul. — Je suis revenu au château parce qu'il m'a plu d'y revenir, — je n'ai nul compte à vous rendre à cet égard. — Suis-je accusé ? — La justice trouve-t-elle quelque chose de suspect dans ma vie ? — Si cela est, faites-moi arrêter. — Dites-moi quel méfait ou quel crime on me soupçonne d'avoir commis, et ensuite interrogez-moi. — Ce sera votre droit, et mon devoir sera de vous répondre. — Jusque-là, je suis libre, et je prétends garder ma liberté de toutes les façons ! — La place d'un mari est auprès de sa femme souffrante et en délire, monsieur le baron, et je vous demande la permission de rejoindre la mienne.

Henri salua le procureur du roi et entra dans la pièce où se trouvaient Martial, Sylvanire et Marie qui n'allait pas tarder désormais à revenir à elle-même.

Aussitôt que la porte se fut refermée derrière lui, le baron d'Autrichard tendit la main à Georges étonné.

— Monsieur de Commarin, — lui dit-il, — il était inutile que M. de Talmay me répondît plus longuement. Je sais ce que je voulais savoir, — vous êtes innocent.

— Moi! — balbutia Georges avec terreur, — moi!

— Oui, — complétement innocent. — J'en avais la prescience, — maintenant j'en ai la certitude.

— Mais, je vous jure...

— A quoi bon jurer? — interrompit le magistrat. — Je ne vous croirais pas.

— Cependant, monsieur.

— Écoutez-moi, — je vais vous dire de quelle façon les choses se sont passées, et vous comprendrez que je sais tout et que j'ai tout compris. — Vous êtes l'amant de madame de Talmay.

— Sur mon honneur, sur l'honneur de ma mère et sur le salut de mon âme, — s'écria le jeune homme avec véhémence, — je vous jure que je ne suis pas l'amant de madame de Talmay et qu'elle est pure et chaste comme la vierge Marie elle-même !...

— Je vous crois, — mais enfin vous l'aimez et elle vous aime. — Vous lui avez écrit... — Or, ce billet auquel la baronne de la Margelle a fait une allusion qui vous a si vivement ému contenait la demande d'un rendez-vous. — La comtesse s'est rendue à ce rendez-vous — peut-être — (et je veux le croire) — pour vous engager à cesser des poursuites sans espoir qui pouvaient la compromettre. — Une lettre anonyme (les lettres de ce genre sont toujours anonymes), remise au comte en ma présence, le prévenait de l'heure et du lieu du rendez-vous... — Il est revenu, — il vous a enveloppés, la comtesse et vous, dans un filet aux mailles indestructibles, — il vous a pris, enfin, dans le traquenard où vous vous étiez jetés vous-mêmes. — C'est alors, — et pour sauver une femme que je crois digne de tout mon respect, — c'est alors que vous avez résolu de vous sacrifier. — Vous avez brisé la serrure d'un meuble plein d'argent, afin d'attirer sur vous seul les soupçons et de livrer au comte un voleur quand il croyait trouver un amant... — Vous avez fait cela, monsieur de Commarin, — vous êtes un grand et brave cœur!... — Je vous estime... — je vous admire, et je vous tends de nouveau la main !...

Le procureur du roi se tut.

Georges releva la tête que depuis un instant il penchait sur sa poitrine. — Des larmes abondantes tombaient de ses yeux et sillonnaient ses joues amaigries.

— Monsieur le baron..., — dit-il, — votre main ne doit pas toucher la mienne.

— Et pourquoi ?...

— Parce que cette main s'est souillée et que vous regretteriez bien vite la généreuse erreur qui vous pousse en ce moment vers moi.

— Eh quoi ! vous persistez dans l'aveu d'un crime imaginaire!

— Je le dois.

— Mais c'est de la folie !

— Non, monsieur... c'est le courage d'un coupable repentant qui veut se relever et se purifier en expiant sa faute.

— Oubliez-vous donc les déclarations de la comtesse elle-même?

— Martial vous l'a dit, la comtesse est en délire!... — D'ailleurs, quelle autorité peuvent avoir les paroles d'une femme, en face du flagrant délit et de mes propres aveux...?

Pendant quelques secondes, M. d'Autrichard cacha son visage entre ses deux mains ; puis, saisissant par un mouvement brusque les larges feuilles de papier timbré sur lesquelles son secrétaire avait écrit les demandes et les réponses de l'interrogatoire du jeune homme, il lui jeta ces feuilles sous les yeux en s'écriant :

— Mais... malheureux... vous n'avez donc pas compris ! Votre signature au bas de ces pages, c'est la flétrissure de toute votre vie, c'est une condamnation terrible et certaine!!

— Terrible et juste !!..... — répondit Georges.

— C'est l'infamie... — c'est le bagne...

M. de Commarin prit une plume, la trempa dans l'encre, et d'une main ferme écrivit son nom au-dessous de la dernière ligne de l'interrogatoire.

Le procureur du roi, plus pâle que le prévenu lui-même, se laissa retomber sur son siége en murmurant :

— Il est perdu !

— Elle est sauvée! — se disait Georges en même temps.

§

Dijon n'est point une ville bruyante et populeuse, — tant s'en faut. — Dans la plupart de ses rues l'herbe pousse entre les pavés, et l'étranger regarde avec un sourire d'étonnement ces mosaïques vertes et blanches. — La grande rue, la rue Condé (aujourd'hui rue de la Liberté) et la place d'Armes sont, grâce aux officiers de la garnison et aux étudiants de l'École de droit, les seules parties un peu vivantes de la vieille et noble cité.

Par une exception dont nous connaîtrons bientôt la cause, la ville des ducs de Bourgogne, trois mois après la scène que nous venons de mettre sous les yeux de nos lecteurs, était pleine de mouvement et d'agitation. — Des groupes émus et discoureurs se pressaient dans toutes les rues. — Les boutiquiers, ordinairement silencieux et recueillis derrière leurs comptoirs, stationnaient sur le seuil de leurs magasins ; — la foule (une de ces vraies foules qu'on ne rencontre guère qu'aux jours d'émeute et aux jours de fêtes) encombrait les abords du palais de justice.

La première séance de la session des assises avait lieu ce jour-là, et la première affaire évoquée était celle de Georges de Commarin.

Ce procès passionnait non-seulement la

ville, mais la province presque entière, et soulevait un immense intérêt de curiosité.

De tous les points du département les gens avides d'émotions étaient accourus.

Les hommes appartenant à la plus haute aristocratie et les plus jolies femmes de la ville avaient fait des démarches, et presque des bassesses, pour obtenir des billets d'admission dans la vaste salle devenue momentanément trop étroite.

Georges était acclamé par les uns et honni par les autres. — Il avait des amis enthousiastes et des détracteurs acharnés.

Ceux-ci le proclamaient sublime... — ceux-là le traitaient de misérable.

Les premiers attendaient un acquittement éclatant... — les derniers prédisaient une condamnation aux travaux forcés à perpétuité.

Un grand nombre de *citoyens* d'opinions avancées se réjouissaient très fort à l'idée de voir un gentilhomme envoyé au bagne. — (Il ne faut pas perdre de vue que ceci se passait à la veille de la révolution de 1830.)

Bref, tout le monde s'attendait à l'une de ces séances ultra-dramatiques, et fécondes en péripéties pimentées, qui préparent une besogne facile aux fournisseurs attirés des théâtres du boulevart.

Cette attente si légitime et si naturelle fut complètement déçue.

Le procureur du roi, dans un réquisitoire où la bienveillance pour l'accusé éclatait à chaque mot, rappela le passé sans tache de

M. de Commarin et énuméra brièvement les charges qui pesaient sur lui, en les atténuant autant que la chose était possible. — Le nom de madame de Talmay ne fut pas prononcé... — L'éminent magistrat avait reculé devant la certitude de produire un immense scandale sans aucun résultat utile. — Il savait bien qu'une grande iniquité judiciaire allait se commettre ; mais il savait aussi qu'aucune puissance humaine n'était capable de l'empêcher.

Georges ne permit point à l'avocat, nommé d'office pour le défendre, de prendre la parole.

— On n'excuse pas ce qui est inexcusable, — dit-il en se levant. — Toute faute appelle son châtiment, sans cela la justice

ne serait plus la justice. — J'ai commis une mauvaise action, j'en dois porter la peine...
— L'arrêt qui va me frapper ne trouvera dans mon cœur que résignation et repentir.

Les jurés se retirèrent dans la salle de leurs délibérations.

Le crime était flagrant, — avoué. — Le verdict ne pouvait être douteux.

— Sur mon honneur et ma conscience, devant Dieu et devant les hommes, la déclaration du jury est : — *Oui, l'accusé est coupable !* — vint dire le chef du jury.

Il ne restait aux magistrats qu'à faire l'application de la loi.

Ils s'acquittèrent de ce devoir avec une grande modération.

Georges fut condamné au minimum de la

peine, cinq ans de travaux forcés, sans exposition.

Au moment où l'arrêt venait d'être prononcé, la baronne Sylvanire de la Margelle, — qui avait absolument voulu assister à la séance, — poussa un cri aigu et se donna la joie d'une attaque de nerfs terminée par un évanouissement.

Martial s'approcha de son ami et lui serra la main, en lui disant tout bas, comme trois mois auparavant :

— Courage !

— Tu vois bien que j'en ai, — répondit Georges avec un sourire.

— Forme aujourd'hui même un recours en grâce ou une demande en commutation de peine, — continua Martial, — le procureur du roi l'appuiera de tout son pouvoir...

— A quoi bon ?... — Je trouverais lâche de demander grâce puisque je me suis avoué coupable, — et, quant à la commutation, mieux vaut, après tout, le grand air et les immenses horizons de Toulon et de Brest, que les murs sombres et les miasmes infects d'une prison... — Je subirai ma peine...

§

Le lendemain de la condamnation de Georges, M. de Talmay et sa femme, toujours extrêmement souffrante, quittèrent la Bourgogne pour aller à Paris, où, disait-on, ils devaient se fixer.

Sylvanire partit avec eux, mais par affection et dévouement pour Marie, car elle professait désormais à l'endroit de son neveu Henri la plus bouillante animosité.

— Pourquoi faut-il que je sois à peu près du même âge que lui ? — se disait-elle de temps en temps. — J'aurais un plaisir si vif à le déshériter tout de suite ; mais patience ! patience !... il ne perdra rien pour attendre !

Quelques semaines après le jugement qui le rayait du livre d'or de la société pour l'inscrire sur le registre infamant des galères, où il allait devenir non plus un homme mais un numéro, Georges fut dirigé vers le bagne de Brest.

Presque à la même époque, la ville de Dijon se vit attristée par le départ inattendu de Martial, son médecin favori.

Le jeune docteur vendit ses meubles, — fit ses adieux à sa nombreuse clientèle, et se mit en route pour un voyage qui, dit-il, devait être long.

Il ajouta que son retour était peu probable.

Personne ne connut le but de ce voyage, personne, excepté le baron d'Autrichard qui remit à Martial des lettres de recommandations importantes.

Ce que nul ne savait, nous le savons et nous pouvons le dire.

Martial Herbelin allait à Brest, avec l'espoir bien fondé de se faire nommer médecin du bagne.

## VI

Une rencontre aux eaux de Spa.

Les romanciers ont d'imprescriptibles priviléges sans lesquels leur métier serait, je vous le jure, le plus impossible et le plus décourageant de tous les métiers.

Les lois de l'espace et du temps n'existent pas pour eux.

Ils peuvent enfourcher à leur gré l'hippogriffe de la fantaisie, franchir en quelques pages ou même en quelques lignes des semaines, des mois, des années, — de l'enfant faire un vieillard, — quitter Paris pour la Chine, et les grandes Indes pour Londres ou Berlin.

Nous allons user de ce droit et transporter nos lecteurs en Belgique, aux eaux de Spa, dans le courant du mois d'août de l'année 1836, sept ans à peu près, par conséquent, après le jugement et la condamnation de Georges de Commarin.

Tous les gens de vie confortable et de haute élégance connaissent l'établissement thermal que nous venons de nommer, et l'ont pratiqué plus ou moins. — Une description, même sommaire, serait donc parfaitement superflue, et nous nous en abstiendrons avec joie.

La *saison* était brillante. — Les millionnaires de toute l'Europe semblaient s'être donné rendez-vous à Spa. Les hôtels et les maisons particulières regorgeaient de monde. Les bals et les concerts se succédaient sans relâche, à la grande joie des dilettanti et des jolies femmes qui trouvaient à se rassasier de musique et de danse.

Presque toujours, dans les réunions nombreuses et composées d'éléments hétérogènes, il se rencontre un personnage qui, à un titre quelconque, fait plus particulièrement sensation et concentre sur lui l'attention générale.

Ce personnage est tantôt un écrivain célèbre ou un grand artiste, — tantôt un dandy marchant avec plus ou moins de bonheur sur les traces du comte d'Orsay ou de l'inimitable Brummel, — tantôt un homme de beaucoup d'esprit, — tantôt un *eccentricman*, comme on dit en Angleterre.

Nous devons ajouter que parfois la foule s'exagère singulièrement les qualités et les mérites de celui dont elle fait son favori, et à qui elle décerne pour quelques semaines le sceptre fragile de la popularité et l'éphémère royauté de la mode.

Le héros de la saison, à Spa, en 1836, était un Français et s'appelait Georges de Bracieux. — On ne parlait que de lui, et ses moindres actions excitaient littéralement l'enthousiasme universel.

Voici quels étaient les titres de M. de Bracieux à la faveur générale dont il jouissait sans conteste :

Sa beauté remarquable, et surtout étrange, attirait d'abord et captivait le regard.

Quoique évidemment il fût jeune encore, il paraissait difficile ou même impossible de lui donner un âge précis. — Ses cheveux bruns et mollement ondulés étaient non pas grisonnants, mais entremêlés çà et là de mèches d'une éclatante blancheur. — Parfois une ride profonde sillonnait son front, et parfois aussi cette ride disparaissait absolument.

Les yeux de M. Bracieux, très grands et très noirs, *éclairaient* en quelque sorte son visage régulier et d'une pâleur marmoréenne. — Ils offraient une expression multiple et changeante comme les aspects de la mer. — Souvent mélancoliques et rêveurs, — souvent étincelants d'un feu bizarre, — ils avaient à certaines heures le regard sombre et morne d'un homme *qui est descendu tout vivant dans les profondeurs de l'enfer*, — ainsi que les femmes italiennes le disaient à leurs enfants épouvantés en regardant passer le Dante.

La bouche, tantôt entr'ouverte par un sourire plein de grâce et de bienveillance, tantôt contractée par un *rictus* amer et sardonique, disparaissait à demi sous des moustaches longues et soyeuses.

Ces vives et bizarres oppositions, qui frappaient l'observateur dans le visage du lion de Spa, se retrouvaient dans son caractère.

On avait vu M. de Bracieux, en proie sans

doute à de passagers accès de spleen, passer plusieurs jours sans franchir le seuil du châlet délicieux dont il faisait sa résidence, et sans y vouloir admettre un seul visiteur, puis, aussitôt après, se livrer au plaisir avec une infatigable ardeur et devenir l'âme de toutes les fêtes et de toutes les parties.

Peut-être cette gaieté bruyante, nerveuse, toute en dehors, ressemblait-elle beaucoup à la joie factive et fiévreuse de l'homme désespéré qui veut s'étourdir, et qui demande au vin de Champagne l'oubli des larmes et le don du rire; — mais la foule enchantée ne se préoccupait point de savoir si le masque souriant cachait un visage morne et blafard...

Qu'importe à la foule ?...

Quand on l'amuse, c'est assez. — Elle ne demande pas autre chose.

Personne ne connaissait la fortune de M. de Bracieux, mais cette fortune devait être énorme, à en juger du moins par le luxe quasi-princier du Français, par ses prodigalités fastueuses et par les sommes considérables qu'il répandait en bienfaits autour de lui.

— M. de Bracieux avait à Spa huit chevaux de la plus merveilleuse beauté, et un état de maison à l'avenant.

Ses domestiques ne portaient pas la livrée. — Ils étaient uniformément vêtus de noir, et lui-même ne quittait jamais le grand deuil, ce qui d'ailleurs ne nuisait en rien à son élégance.

On racontait de lui des traits de munificence touchant presque à la folie.

Un soir, — ayant jeté une poignée de pièces d'or sur le tapis vert de la roulette, — il gagna vingt mille francs.

Peut-être allait-il continuer et risquer ces vingt mille francs d'un seul coup, car il était aussi peu soucieux du gain que de la perte, quand une personne de sa connaissance l'appela en passant.

Il roula négligemment les billets de banque, — les mit dans la poche de côté de son habit et sortit du salon de jeu.

Une heure après, il était assis en plein air devant un café, fumant un cigare de Manille et dégustant un sorbet au rhum, lorsqu'une jeune fille, une musicienne ambulante, pâle et jolie et d'une tournure gracieuse et décente, s'arrêta en face de lui, et, après avoir joué quelques vieux airs de romances sur une guitare de forme antique, tendit à son auditoire une petite sébile d'étain.

M. de Bracieux mit un louis dans cette sébile.

Un sourire de joie céleste illumina le visage de la musicienne, et elle s'écria avec une expression de reconnaissance qui venait du cœur :

— Oh ! merci, monsieur !... merci !!

— Mon enfant, — demanda le Français, — pourquoi donc semblez-vous si heureuse ?

— Parce que la pièce d'or que vous venez de me donner augmente mon petit trésor, — répondit la jeune fille, — et, quand il sera complet, je pourrai quitter enfin un métier que je déteste...

— Pourquoi le détestez-vous ?

— Parce que celles qui l'exercent sont

méprisées, et que presque toutes le méritent...

— Quand vous serez libre, que ferez-vous?

— Je retournai auprès de ma mère et j'épouserai un jeune homme à qui je suis promise...

— Et que vous aimez?

— De toute mon âme?

— Quel est votre pays, mon enfant?...

— Paris.

— Comment vous nommez-vous?

— Marie.

M. de Bracieux tressaillit.

— Ah! — répéta-t-il d'une voix émue, — vous vous nommez *Marie*...?

— Oui, monsieur.

— Quelle somme vous est nécessaire pour la réalisation de vos projets d'avenir?...

— Trois mille francs.

M. de Bracieux tira de sa poche le rouleau de billets de banque qu'il venait de gagner à la roulette, et le présenta à la musicienne stupéfaite, en lui disant :

— Tenez, mon enfant, — tenez, *Marie*, — en voici vingt mille. — Soyez heureuse, et, si vous êtes reconnaissante, priez parfois pour une pauvre femme qui porte le même nom que vous...

Puis, sans attendre les remerciements de celle qu'il enrichissait bien au-delà de ses espérances et de ses rêves, il s'éloigna rapidement.

Vingt anecdotes du même genre prouvaient l'inépuisable générosité du personnage qui nous occupe.

Depuis trois mois que M. de Bracieux se

trouvait à Spa, en butte aux provoquantes agaceries d'une foule de charmantes sirènes à qui sa beauté, son originalité, et surtout sa fortune, tournaient la tête, il n'avait été le héros d'aucune anecdote scandaleuse ou seulement galante.

Sans affectation et sans pruderie, il aurait, dit-on, abandonné son manteau entre les mains d'une Putiphar entreprenante, plutôt que de renoncer au vœu d'étrange rigorisme qu'il semblait avoir prononcé.

A coup sûr, cette conduite ne résultait point d'une vertu poussée jusqu'au ridicule, — elle devait être la conséquence de l'inviolable fidélité du Français à un souvenir, — à une morte peut-être.

M. de Bracieux ne vivait pas seul.

Il avait auprès de lui l'un de ses amis, —

homme très charmant, très spirituel, et, disait-on, très savant, qui partageait sa popularité et qu'on appelait le *docteur*.

Ce docteur, jeune encore, de fort grande mine et chevalier de la Légion-d'Honneur, passait les deux tiers de sa vie à visiter les malades indigents de Spa et des environs.

Non-seulement il n'acceptait aucune rémunération pour ses soins assidus, mais encore il fournissait à titre gratuit, à sa nombreuse clientèle, tous les médicaments nécessaires, et répandait dans les mansardes et dans les chaumières d'abondantes aumônes.

Le reste de son temps appartenait au monde, et les étrangers de distinction le recherchaient pour le charme et la courtoisie de ses manières et pour l'attrait de sa conversation à la fois solide et brillante.

Pénétrons, s'il vous plaît, dans les salons de la *Redoute* (ainsi se nomme le véritable Kursaal de Spa), vaste et magnifique bâtiment, construit au centre de la ville, dans le style de Louis XV le plus pur, avec un escalier monumental.

Une des grandes fêtes de la saison allait avoir lieu, — concert et bal; — mais, comme il n'était que huit heures du soir, la foule élégante n'affluait pas encore, les musiciens des orchestres mettaient leurs instruments d'accord, et des promeneurs en petit nombre peuplaient seuls l'immense solitude des salles éclairées à giorno.

« *Apparent, rari, nantes in gurgite vasto!...* »

Qu'on nous pardonne cette classique citation.

Le docteur allait et venait lentement, sous les flammes éblouissantes des lustres et des girandoles, côte à côte avec un pair d'Angleterre qui le consultait au sujet d'une demi-douzaine de maladies imaginaires, et auquel il répondait invariablement, toutes les trois minutes :

— La distraction, milord, la distraction... — pour les malades de votre genre, c'est la panacée universelle... — Amusez-vous et vous serez guéri...

Peu à peu, cependant, la solitude se peuplait.

Quelques jolies femmes, quelques fraîches toilettes apparaissaient, et çà et là on voyait briller de beaux yeux et scintiller des diamants.

Le docteur venait enfin de quitter son

Anglais, ou plutôt d'être quitté par lui et poussait un *ouf!* de satisfaction et de délivrance, quand il se trouva face à face avec une forme longue et mince, vêtue de rose vif et décolletée un peu plus que de raison.

Deux exclamations se croisèrent.

— Le docteur Martial!!!

— La baronne de la Margelle!!!

Sylvanire, — en effet c'était bien elle, — n'avait point changé depuis sept années, — ou du moins elle avait trouvé le secret :

« De réparer des ans l'irréparable outrage!!! »

Des cosmétiques un peu plus épais plâtraient des rides un peu plus profondes, et le pastel, dans son ensemble, offrait en 1836 la même apparence qu'en 1829.

Peut-être la taille avait-elle pris un peu

de roideur ; mais, comme elle était toujours aussi sèche, l'aspect général ne se trouvait point modifié.

La baronne conservait d'ailleurs sa passion pour les couleurs tendres, pour les exhibitions d'épaules et pour les *bijoux-souvenirs*.

Au moment où elle aperçut Martial, sa figure s'éclaira d'une joie vive.

Le visage du médecin n'exprima que la surprise et une nuance d'inquiétude.

— Ce cher docteur!!! — s'écria Sylvanire, — quel plaisir inattendu!!! — Arriver ce matin à Spa et le trouver ce soir à la Redoute!!! — c'est à peine si j'en crois mes yeux!... Voilà ce qui s'appelle une heureuse rencontre, une vraie rencontre de comédie ou de roman!!!...

Et elle s'empara triomphalement du bras de son interlocuteur, en se promettant bien de ne lui rendre sa liberté qu'à bon escient.

— Madame la baronne me paraît se porter à merveille, — dit Martial, qui sachant parfaitement à qui il s'adressait pouvait risquer sans crainte des compliments presque pareils à des épigrammes, — elle est jolie et séduisante plus que jamais !!!

—Ah! mon Dieu!—répliqua la douairière de la meilleure foi du monde, — je le sais, — je ne change pas... — Une aimable fée, qui me voulait du bien, a mis sans doute dans mon berceau quelques douzaines de flacons de la fontaine de Jouvence!... — Êtes-vous ici depuis longtemps, cher docteur ?

—Depuis trois mois, madame la baronne.

— Pour raison de santé?

— Oh! pas le moins du monde.

— Allons, tant mieux! — Moi, je vous le répète, j'arrive... — je me trouve à Spa depuis quatre heures de l'après-midi.

— Seule?

— Non pas. — Mon neveu et sa femme m'accompagnent.

— Madame la comtesse de Talmay! — murmura le docteur en pâlissant.

— Elle-même... — Cette chère Marie, je ne la quitte guère... — elle ne pourrait se passer de moi... — Quoique nous soyons, à peu de chose près, du même âge, je suis véritablement une mère pour elle...

— Et la santé de madame de Talmay?

— Déplorable, docteur, déplorable!!! — La chère enfant ne s'est jamais relevée des suites foudroyantes de son émotion au sujet de cette horrible affaire que sans aucun doute vous ne pouvez avoir oubliée... — Mon Dieu! que mon neveu s'est mal conduit dans ces tristes circonstances!!! — La condamnation de ce pauvre Georges, qu'elle savait innocent, — innocence dont je n'ai jamais douté, vous vous en souvenez, — non plus que vous, d'ailleurs, — a porté à la santé de Marie un coup terrible... — Depuis cette époque elle ne vit plus, elle se traîne, et je ne conserve aucune espérance de la voir se remettre un jour d'une façon complète...

— Il paraît cependant que madame de Talmay veut essayer de l'influence salutaire des eaux de Spa.

— N'en croyez rien. — Ce n'est pas elle qui vient ici de son plein gré... — c'est mon neveu qui l'y conduit, comme il la conduit partout.

— Que voulez-vous dire, madame la baronne ?

— Je veux dire que, dans l'hiver qui suivit ce funeste automne de 1829, Henri se fit donner une consultation par trois ou quatre des principaux médecins de Paris, auxquels il expliqua comme il l'entendit la maladie de sa femme... — Ces messieurs prescrivirent à l'unanimité, comme unique antidote, la distraction... — C'est un remède que vous connaissez sans doute, cher docteur ?

— Je l'ordonnais il n'y a qu'un instant, — mais je le réserve en général pour les gens qui ne sont pas malades.

— Armé de sa consultation qu'il prenait au pied de la lettre, — continua Sylvanire, —

mon neveu, depuis cette époque, a passé
son temps à distraire sa femme avec une in-
croyable ténacité... — La pauvre enfant n'a
plus une minute de repos, tant il lui faut
s'amuser et se distraire sans trêve et sans
relâche... — Moi, je me sacrifie pour ne pas
la laisser seule avec son mari, et je me dis-
trais de compagnie... — Vous savez, cher
docteur, que j'ai toujours eu les plus grandes dispositions au dévouement!... Bref,
notre existence entière est consacrée à des
plaisirs sans fin, qui se succèdent avec la
plus invariable régularité. — L'été, Dieppe,
Trouville, Brighton, Bade, Plombières, Ba-
gnères, enfin tous les endroits où l'on s'a-
muse sous prétexte de se guérir, nous re-
çoivent et nous fatiguent... — L'hiver, à
Paris, nous ne manquons pas une repré-

sentation de l'Opéra ou des Italiens, et nous allons chaque soir dans trois ou quatre salons... — Du 15 novembre au 15 avril, moi qui vous parle, je ne me suis pas mise une seule fois dans mon lit, depuis six ans, avant quatre heures du matin.... et ma nièce en a fait autant... — Que pensez-vous de ce régime?

— Je ne connais aucune constitution assez forte pour y résister.

— Excepté la mienne! docteur, excepté la mienne! — Le ciel récompense mon sacrifice! — Je n'en souffre vraiment pas trop! —Je suis d'acier! — Je plie et ne romps jamais!

— Mais, d'après ce que vous venez de me dire, il n'en est point de même pour madame la comtesse ?

— Hélas! hélas! la pauvre chère enfant, malgré ces distractions administrées à grandes doses et selon l'ordonnance, languit comme une fleur qui s'incline sur sa tige... — Vous la verrez, docteur, et vous serez effrayé de l'expression souffrante et désolée de son visage... — Elle est toujours belle cependant, belle comme un ange... à ce point que lorsque nous paraissons ensemble dans une fête, elle a le plus grand succès, même à côté de moi... — Jugez! — Beaucoup de gens, — en la voyant si pâle et si triste au milieu des plaisirs, se persuadent qu'elle donne cette expression à sa figure pour se rendre intéressante... — Mais je sais qu'il n'en est rien. — D'ailleurs, dans quelques instants, vous en jugerez par vos propres yeux.

— Comment! dans quelques instants!! — s'écria Martial.

— Sans doute. Henri et Marie vont venir au bal.

— Ce soir?

— Qu'y a-t-il d'étonnant à cela?

— Madame de Talmay arrive à peine! — Elle vient de voyager, elle doit être brisée de fatigue!

— Je ne dis pas non, mais mon neveu n'est point homme à perdre une minute. Il n'admet pas la fatigue... il n'admet que la distraction.

— C'est de la cruauté!

— Il prétend que c'est de l'exactitude et qu'un traitement perd tout son effet lorsqu'il est interrompu... — A propos, docteur, — continua Sylvanire en brusquant, comme on voit, la transition, — puisque vous êtes ici depuis trois mois, vous devez y connaître tout le monde.

— A peu près...

— Dès mon arrivée, j'ai pris quelques renseignements sur les gens de mérite et d'élégance qui se trouvent à Spa; — mais ces renseignements, émanés de subalternes, furent nécessairement très-superficiels. — Je compte sur vous pour les compléter. — Parlez-moi donc un peu du lion de la saison, — de ce personnage accompli, beau et mystérieux comme un héros de roman, et dont on fait si grand bruit ici.

— Comment se nomme cette merveille?

— Georges de Bracieux, m'a-t-on dit.

— Madame la baronne, — répondit Martial, — voilà les salons qui se remplissent, nous sommes au milieu de la foule, et le concert commence. — Si vous le voulez bien, j'aurai l'honneur de vous conduire dans un petit salon exclusivement réservé aux joueurs de whist et de bouillotte, et où nous pourrons nous asseoir et causer en toute liberté.

Sylvanire agita en minaudant le bel éventail peint par David, et murmura d'une voix enfantine :

— Seule avec vous, docteur !... un tête-à-tête ! En vérité, je ne sais si je dois... C'est bien compromettant...

— Bah ! madame la baronne, — risquez-vous...

— Vous me promettez d'être sage ?

— Sur l'honneur !

— Allons, je me risque...

Et Sylvanire accompagna ces derniers mots d'une œillade très encourageante.

Le docteur et la douairière arrivèrent dans la petite pièce où les gens sérieux, pour qui le whist constitue le plus complet de tous les plaisirs, n'étaient point encore installés.

Sur les tapis verts des tables de jeu, les paniers de fiches et les paquets de cartes toutes neuves s'étalaient entre les bougies surmontées de leurs abat-jour.

Martial avança un fauteuil à la douairière, et s'assit à son côté, d'un air que Sylvanire trouva peut-être un peu trop respectueux.

L'orchestre lointain commençait les premières mesures de l'ouverture du *Freyschutz*.

## VIII

Pendant le bal.

— Madame la baronne, — dit alors Martial, — vous m'avez fait l'honneur de me demander des renseignements sur le lion de cette année aux eaux de Spa, sur M. Georges de Bracieux?...

— Oui, cher docteur.

— La mère de Georges de Commarin, — le condamné de 1829, — s'appelait avant son mariage mademoiselle de Bracieux.

— Mais alors, — interrompit vivement la douairière, — M. de Bracieux et M. de Commarin sont parents !...

— Mieux que cela, madame la baronne, — MM. de Bracieux et de Commarin ne sont qu'un seul et même homme.

Sylvanire poussa le plus joli cri du monde, frappa ses mains l'une dans l'autre et donna les témoignages d'une émotion extraordinaire.

— Oh! docteur, cher docteur, — fit-elle d'une voix mourante, en se renversant à demi dans le fauteuil où elle était très confortablement installée, — soutenez-moi, je défaille !... — Heureusement, j'ai toujours sur moi un petit flacon de sels anglais... — Fouillez au plus vite, docteur, — cherchez-le, et me le donnez.

Martial se prêta de bonne grâce à cette fantaisie, et poussa la complaisance jusqu'à placer le flacon tout débouché sous les narines de la douairière qui faisait mine de se pâmer bel et bien.

— Grand Dieu ! quelle nouvelle surprenante ! — s'écria-t-elle au bout d'un instant. — Vous m'en voyez absolument pétrifiée ! — Georges de Commarin ici ! — lui !... mon héros ! — lui, le plus chevaleresque des hommes !... le plus sublime des amants du passé et de l'avenir ! Est-ce bien possible ?... — Ai-je compris vos paroles ? — Ne me suis-je point abusée, ou ne me trompez-vous pas ?

— Ni l'un ni l'autre, madame.

— Mais, docteur, par quel surprenant concours de romanesques circonstances Georges se trouve-t-il en ces lieux... — et sous un nom qui n'est pas le sien ?...

— Sa présence à Spa n'a rien que de très naturel. — J'ajouterai qu'il a pris le nom de sa mère parce qu'il ne pouvait plus porter le sien, déshonoré par une sentence infamante.

— Sentence inique et abominable !

— Non, madame, puisque les juges n'ont fait que leur devoir en condamnant l'homme qui se déclarait coupable.

— Ce n'était pas des fers que méritait Georges, — oh ! non ! — reprit Sylvanire avec exaltation, — c'était une couronne de lauriers !

— Hélas, madame la baronne, la cour d'assises en décerne peu!...

— Enfin, il est ici! — Je vais donc le voir! — le serrer dans mes bras!... proclamer tout haut sa sublime conduite!

— Gardez-vous en bien, madame la baronne...

— Mais pourquoi?...

— Georges ne peut trouver désormais en ce monde, je ne dirai pas le bonheur, mais le repos, qu'à la condition d'ensevelir dans une ombre profonde un passé que la justice a flétri...

— Vous avez raison, docteur, toujours raison... — Je me contiendrai... — j'aurai la force de me contenir!... — M. de Commarin sera-t-il ici ce soir? — continua-t-elle.

— Il doit y venir après le concert; mais

j'irai le rejoindre dans un instant, et je parviendrai, du moins je l'espère, à le retenir chez lui. — Il ne faut pas qu'il puisse se trouver en face de M. de Talmay... et de la comtesse...

— Je vous approuve tout à fait, docteur...
— la pauvre Marie recevrait une commotion trop terrible si elle le revoyait ainsi tout à coup, à l'improviste... — Je la préviendrai avec tous les ménagements imaginables... avec des précautions infinies.

— Ne pourriez-vous décider M. de Talmay à quitter Spa sur-le-champ, pour Hombourg ou pour Aix-la-Chapelle?...

— Décider mon neveu à quelque chose !!
— ah! docteur, on voit bien que vous le connaissez mal! — Vertu de ma vie!! — j'y perdrais vingt fois mon nom de Sylvanire de

la Margelle avant de rien obtenir. — S'il a résolu de passer ici un mois, il n'en partira pas avant le trente et unième jour écoulé. — C'est un homme de bronze! — il verrait le monde s'écrouler autour de lui, sans daigner modifier un seul de ses projets...

— Alors je tâcherai d'obtenir de Georges qu'il s'éloigne... mais j'ai peu d'espoir d'y réussir...

— Quoi qu'il advienne, je verrai M. de Commarin avant son départ, n'est-ce pas ? oh ! je le verrai ?

— Oui, madame, — je vous le promets.

— Il faut me le jurer !...

— Eh bien, je vous le jure.

— *A propos*, — demanda Sylvanire, qui, nous le savons, n'avait nul souci des transitions bien amenées, — Georges songe-t-il au mariage?...

— Non, madame, je ne le crois pas. — Puis-je vous demander pourquoi cette question?...

— C'est que je connais une veuve jeune encore, jolie et merveilleusement conservée, — femme de beaucoup d'esprit d'ailleurs et riche de quarante mille livres de rente, qui ressent pour M. de Commarin une sympathie prodigieuse et qui l'accepterait très volontiers pour mari... — Ne voudriez-vous pas lui en dire deux ou trois mots, cher docteur?...

Martial ne put s'empêcher de sourire. — Il connaissait la veuve *jeune encore, jolie et merveilleusement conservée.*

— Madame la baronne, — répondit-il, —

je m'acquitterai de grand cœur de la flatteuse commission dont vous me chargez...

— mais je ne vous dissimulerai point que les chances de succès me paraissent à peu près nulles...

— Cependant, une jolie femme et quarante mille livres de rente...

— C'est très séduisant, je l'avoue; mais Georges est difficile à séduire. — Je ne sais si son cœur est libre, et j'ai la certitude que la fortune serait sur lui sans influence.

— Docteur, on affirme que M. de Bracieux est millionnaire.

— Et l'on a raison de l'affirmer.

— Comment cela se peut-il faire, puisque M. de Commarin était ruiné en 1829?

— Pour vous répondre, madame la baronne, je suis obligé d'entrer dans quelques détails qui vous sembleront, je le crains, complètement dépourvus d'intérêt.

— Ah!... que vous me jugez mal!... — Parlez, cher docteur, parlez... — Tout ce qui touche à Georges de Commarin m'intéresse beaucoup plus que je ne saurais le dire...

— Je n'ai pas besoin, je pense, de vous demander une inviolable discrétion.:.

— Je serai muette comme la tombe!

— Eh bien, madame, voici les faits : — Après la condamnation terrible qui l'avait frappé, Georges fut dirigé sur le bagne de Brest.

— Mon cœur saigne à cette pensée! — interrompit Sylvanire.

Et, en aparté, elle ajouta :

—Oh! mon neveu... mon neveu... ne

comptez pas, ne comptez jamais sur mon héritage!

— Presque en même temps que lui je quittai Dijon pour n'y plus revenir... — reprit le médecin.

— Où alliez-vous, docteur?

— A Brest.—Je ne voulais pas me séparer de Georges.

— Oh! dévouement inouï! oh! touchante amitié! — Damon et Pythias!... Castor et Pollux... Oreste et Pylade... — murmura la douairière attendrie, en prenant les mains de Martial et en les serrant énergiquement. — Continuez, docteur, et ne vous étonnez point si vous voyez mes larmes couler... — Je suis d'une sensibilité exquise. Mon âme ne saurait se comparer qu'aux pétales de la sensitive.

Le docteur poursuivit.

— Grâce aux lettres de recommandation qui m'avaient été données par le procureur du roi de Dijon, je fus nommé sans difficulté médecin en chef du bagne, ce qui me permettait de voir Georges chaque jour et d'adoucir, par tous les moyens en mon pouvoir, les horreurs de sa position.

Sylvanire gémissait à fendre le cœur; — seulement elle ne pleurait point, parce qu'elle savait par expérience que les larmes, en délayant sur ses joues le blanc et le rouge, produisaient le gâchis le plus déplorable.

— On ne tarda guère à s'occuper beaucoup dans la ville du forçat gentilhomme, — continua Martial, — et au bout de quelque temps personne ne doutait de son innocence, pas plus les sommités aristocratiques que les galériens eux-mêmes. Un immense intérêt s'attachait à la victime volontaire d'un admirable sacrifice, et cet intérêt prenait toutes les formes pour se manifester... — On sut bien vite que j'avais abandonné ma clientèle dans une autre ville pour suivre mon ami. — On s'exagéra singulièrement la valeur de cette action si simple, et je devins le plus occupé des médecins de la ville. Chacun voulait guérir ou mourir de ma main.

— Allons, — murmura madame de la Margelle, — voilà une excellente ville ! — Ces gens de Brest ont de l'esprit et du cœur !... — je les embrasserais avec plaisir...

— Parmi mes clients, — reprit Martial, — se trouvait un Anglais célibataire et millionnaire, sans famille dans son pays et sans affections en France. — Une maladie de consomption opérait sur lui d'effrayants ravages et rendait possible de déterminer, avec une précision mathématique, le nombre des jours qu'il avait encore à vivre. — Cet Anglais m'interrogeait sans cesse sur le compte de Georges, et je crus devoir ne lui cacher aucune des circonstances que vous connaissez vous-même... — A l'époque prévue par moi, il s'éteignit doucement et presque sans souffrance. — Son testament, déposé chez un des principaux notaires de la ville, fut ouvert par le président du tribunal, et il se trouva que, dans cet acte parfaitement en règle, il instituait Georges l'unique héritier des deux millions et demi qu'il possédait.

— Ah! le digne homme!... — s'écria Sylvanire, — vertu de ma vie! — voilà une belle action! — Je l'ai toujours pensé, ces Anglais ont du bon!

— A l'expiration de ses cinq ans, Georges fut mis en possession de l'héritage. — Il voulut me faire partager sa fortune, et je ne m'y refusai pas, convaincu, comme je le suis, qu'une amitié telle que la nôtre permet de tout accepter l'un de l'autre sans honte et sans abaissement... — Georges abandonna son nom, je vous l'ai déjà dit, pour porter celui de sa mère, et depuis deux ans nous vivons à l'étranger, car le séjour de la France lui est devenu odieux.

— Ah! grand Dieu, je le comprends bien! — fit Sylvanire avec conviction, — je ne le comprends que trop!...

Puis elle ajouta :

— Et croyez-vous qu'il pense toujours à Marie?...

— Il ne prononce jamais le nom de madame de Talmay, — j'évite toute allusion au passé, — mais j'ai bien peur que son amour, loin de s'éteindre, n'ait grandi dans la souffrance.

— Ah! docteur, c'est beau comme l'antique! — Je voudrais pouvoir élever à M. de Commarin, un temple, un monument, quelque chose!... — Du reste, j'ai la conviction qu'il n'a point affaire à une ingrate et que ma pauvre Marie se meurt d'amour, tout simplement.

— Et c'est pour cela, madame, qu'il faut à tout prix éviter une rencontre entre Georges et Marie... rencontre malheureusement inévitable si mon ami venait ce soir à la Redoute. — Je vous quitte, madame la baronne, — je vais le retrouver et m'efforcer de le retenir.

— Allez, cher docteur, et ne manquez pas de venir demain matin me rendre compte de ce qui se sera passé ce soir. — Nous sommes descendus à l'hôtel de Flandre. — Si M. de Talmay est absent, vous verrez ma nièce.

Martial appuya galamment ses lèvres sur la main sèche et plâtrée que Sylvanire lui présentait, — il traversa les salons, qui maintenant regorgeaient de monde, et il se dirigea d'un pas rapide vers le chalet qu'il habitait avec son ami.

— M. de Bracieux est-il dans son appartement? — demanda-t-il au valet de chambre de Georges.

— Monsieur est sorti depuis dix minutes, — répondit le domestique.

— En voiture ?

— Non, monsieur, à pied.

— Allons, — pensa Martial avec dépit, — je l'aurai croisé en route.

Puis il ajouta tout haut :

— A-t-il laissé des ordres ?

— Un seul, — celui d'aller l'attendre avec une calèche découverte, à onze heures et demie, près de la Redoute.

Martial reprit la route qu'il venait de suivre, et rentra dans les salons qu'il avait quittés une demi-heure avant ce moment. — Il les parcourut dans tous les sens et ne trouva Georges nulle part.

— C'est le diable qui s'en mêle ! — se dit-il. — Aussi, c'est ma faute ! — J'avais bien besoin de causer pendant une heure avec la baronne de la Margelle! — Que faire maintenant?

Il réfléchit pendant une ou deux secondes, et il prit le parti d'aller se poster, — comme une sentinelle ou comme un huissier, — auprès de la principale entrée des salons.

— Au moins ainsi, — pensait-il, — j'aurai la chance de voir arriver Georges et de l'arrêter au passage.

Martial montait depuis quelques minutes cette étrange faction, lorsqu'une voiture s'arrêta au pied de l'escalier monumental de la Redoute.

Une femme en toilette de bal, portant un burnous tunisien de soie blanche brodée d'argent sur sa robe de gros de Naples blanc, descendit de cette voiture et gravit lentement les degrés, appuyée au bras d'un homme jeune encore, mais dont les cheveux blonds coupés très courts grisonnaient déjà, et à qui ses longues moustaches et le ruban rouge noué à la boutonnière de son habit donnaient une apparence militaire.

Ce couple — au bout d'un instant — se trouva en face de Martial qui reconnut du premier coup d'œil le comte et la comtesse de Talmay.

Madame de la Margelle avait dit vrai. — Marie semblait presque mourante, — mais qu'elle était divinement belle !

Pareille à ces fleurs des tropiques qui répandent leurs plus enivrants parfums au moment de se flétrir, sa beauté produisait un effet d'irrésistible et vertigineuse fascination... — Ses yeux, démesurément agrandis et entourés d'une auréole d'azur, offraient une surhumaine expression de souffrance résignée et laissaient deviner des abîmes de douleurs muettes. Leur regard n'appartenait plus à ce monde.

La pâleur nacrée du visage s'illuminait d'une flamme étrange. — Le fard mortel de la fièvre lente et continue s'étendait sur les joues blanches. — Les lèvres avaient un navrant sourire.

Le corps amaigri gardait intact sa grâce et son charme. — Les épaules nues, plus éclatantes que le collier de grosses perles qui les entourait, conservaient des lignes d'une fluidité merveilleuse et d'une pureté antique.— Marie ressemblait maintenant à ces adorables nymphes un peu grêles dont le ciseau de Jean Goujon a ciselé dans le marbre les formes finement harmonieuses.

M. de Talmay, lui aussi, présentait une transformation presque complète... — De même qu'un sol bouleversé par un tremblement de terre garde l'éternelle empreinte des convulsions qu'il a subies, de même sur sa figure ravagée se creusaient les sillons des longues insomnies et des déchirements intérieurs... — Son teint, — jadis d'une fraîcheur presque féminine, — avait pris des tons bilieux. — Le pli creusé aux coins de sa bouche révélait toute l'amertume de son sourire. — Ses yeux, cachés à demi sous les paupières bistrées, laissaient jaillir un regard brillant et froid comme la lame d'une épée.

Évidemment M. de Talmay avait subi le contre-coup des tortures qu'il infligeait...

— Implacable dans sa vengeance poursuivie depuis sept ans, il était tout à la fois le bourreau et la victime, — et la moitié des coups frappés par lui portaient sur lui-même.

En voyant Martial, — dont la présence inattendue donnait quelque chose d'immédiat et de vivant à de cruels souvenirs, — le comte tressaillit légèrement, et, dans une involontaire contraction nerveuse, il mordit jusqu'au sang sa lèvre supérieure.

La pourpre fiévreuse dont nous avons parlé acquit une intensité nouvelle sur les joues de Marie, et la triste jeune femme voila sous ses longues paupières l'éclat humide de ses grands yeux.

M. de Talmay prit à l'instant même son parti.

La main étendue et le sourire aux lèvres, il s'avança vers Martial en lui disant :

— Je ne me trompe pas... c'est bien à monsieur le docteur Herbelin que j'ai le plaisir de parler?

— Vous ne vous trompez pas, monsieur le comte, — répondit le médecin en prenant la main d'Henri et en s'inclinant respectueusement devant Marie.

— Docteur, je suis heureux de vous rencontrer à Spa.

— Toute la joie de cette rencontre est pour moi, monsieur le comte.

— J'ignorais complètement votre présence ici...

— Et moi je savais votre arrivée...

— Comment cela?... — Êtes-vous doué de la double vue, docteur?

— Non, monsieur le comte, — malheureusement ; — mais j'ai eu l'heureuse chance de rencontrer tout à l'heure madame la baronne de la Margelle et de causer avec elle pendant un instant...

Henri, malgré lui, fronça le sourcil.

— Ah ! ah ! — fit-il ensuite, — vous avez déjà vu ma tante... — je vous en fais mon compliment... — Que vous a-t-elle dit de neuf et de *sensé*...?

M. de Talmay appuya sur ce dernier mot.

— Madame de la Margelle m'a donné les meilleures nouvelles de madame la comtesse, — répondit Martial, — et je vois avec joie qu'elle n'avait rien exagéré...

Henri regarda son interlocuteur pour s'assurer qu'il parlait sérieusement.

Le docteur semblait convaincu et de la meilleure foi du monde.

— Madame de Talmay a été longtemps souffrante, — dit le comte après un silence; — mais, grâce à des soins assidus et à un excellent régime, elle va maintenant tout à fait bien. — N'est-ce pas, Marie?

— Oui, mon ami, — murmura la jeune femme d'une voix dont la douceur pénétrante allait à l'âme, — tout à fait... — et je sens que bientôt je ne souffrirai plus...

Martial frissonna.

Il ne se méprenait point au sens horriblement transparent de ces dernières paroles, et, en les écoutant, il était trop certain que madame de Talmay ne se trompait pas et que bientôt *elle ne souffrirait plus.*

— Comptez-vous passer un certain temps

à Spa? — demanda-t-il à Henri pour dire quelque chose.

— Un mois, je pense, — et même plus longtemps si Marie se trouve bien ici... — Cela dépendra d'elle absolument... — je n'ai d'autres volontés que les désirs de ma femme... — Et vous, docteur, est-ce que vous êtes fixé en Belgique?... — Quoique je ne sois point allé en Bourgogne depuis plusieurs années, j'ai indirectement appris que vous aviez quitté Dijon... — Seriez-vous le médecin des eaux de Spa, par hasard?...

— Mon Dieu non. — Je suis ici tout à fait en amateur.

— Tant pis, car nous n'aurions pu nous trouver en de meilleures mains...

La conversation qui précède avait eu lieu à l'entrée du premier salon.

Martial était sur les épines.

Il tremblait de voir apparaître Georges, et dans tous les hommes arrivant du dehors il se figurait le reconnaître.

Enfin ce supplice eut un terme.

Une robe rose fendit la presse en tourbillonnant et s'approcha de nos trois personnages.

Cette robe rose, — fort peu semblable à celle que Théophile Gauthier a chantée, — était la juvénile enveloppe de madame de la Margelle.

Sylvanire saisit le bras de sa nièce en s'écriant :

— Comme te voilà belle et charmante, chère mignonne !... — Nous allons laisser ces messieurs causer gravement ensemble, ainsi qu'il convient à des hommes sérieux, et nous irons toutes deux faire un tour dans le bal, qui est des plus animés et où tu tourneras toutes les têtes...

Et, sans attendre la réponse du comte et celle de Marie, l'impétueuse douairière entraîna vivement la jeune femme.

— L'âge est une chimère, docteur, il faut en convenir!! — dit Henri avec un sourire franchement ironique. — Regardez ma tante... — elle est plus jeune que vous et que moi, et jamais elle ne vieillira!!...

— Madame la baronne est admirablement conservée et douée du plus heureux caractère... — répondit le médecin.

— Madame la baronne est folle et ridicule, voilà tout! — répliqua le comte amèrement.

Puis, changeant de ton, il ajouta :

—Vous avez vu ma femme.— Que pensez-vous de sa santé?

— Dois-je vous parler à cœur ouvert?

— Certes!

—Eh bien, madame la comtesse est très malade.

— Vous vous trompez, docteur; Marie ne s'est jamais mieux portée.

— Il est impossible qu'elle résiste à cette vie de fatigues continuelles et de fêtes incessantes que vous lui imposez.

— Ce sont les fatigues du plaisir qui rendent des forces aux femmes! — J'agis d'ailleurs en vertu d'une ordonnance bien en règle de la Faculté. — Les princes de la science m'ont prescrit de distraire ma femme et je fais mon mieux pour leur obéir.

— Monsieur le comte, ces distractions sont meurtrières !

— Vous me permettrez de n'en rien croire.

— Même si je vous l'affirme avec une certitude absolue ?

— Auriez-vous la prétention, docteur, d'être plus savant et plus expérimenté, à vous seul, que les plus illustres médecins de Paris ?

— Non, monsieur le comte, ma science est modeste, et je n'ignore point qu'elle me commande l'humilité... — Mais je ne puis révoquer en doute le témoignage de mes sens. — Mes yeux me disent que ces distractions prétendues dont vous parlez sont funestes à madame de Talmay, et vous le savez aussi bien que moi !...

— Prenez garde, docteur, — c'est bien grave ce que vous dites là !

— Moins grave que la réalité.

— Savez-vous que vos paroles renferment presque une accusation ? — Savez-vous que j'aurais le droit de m'en irriter et de vous en demander compte?

— Et ce compte, je suis prêt à vous le rendre.

— Alors, expliquez-vous, monsieur.

Depuis quelques minutes Martial sentait la colère et l'indignation bouillonner sourdement dans son âme et monter peu à peu...

— Eh ! monsieur, — s'écria-t-il, — les foules ressemblent au désert; elles isolent, — donc nous sommes seuls... — Ayez le courage de laisser tomber pour moi ce masque qui doit vous peser et qui ne me cache ni votre visage ni votre cœur!... — Vous savez bien ce que vous faites! — Vous continuez depuis sept ans, sans relâche, votre œuvre implacable! —Vous vous vengez, depuis sept ans, d'une pauvre femme qui n'est pas coupable!

La figure de M. de Talmay exprima le profond étonnement d'un homme à qui l'on parle une langue inconnue.

— En vérité, docteur, — dit-il, — j'ignore absolument ce que vous voulez me faire entendre... — Vous me parlez d'une *œuvre implacable*, d'une *vengeance*... — que sais-je encore? — Je vous affirme que je ne comprends pas un mot de tout ce que vous me dites.

— Monsieur le comte, oubliez-vous que j'étais l'ami de Georges de Commarin?

— Non, et tant pis pour vous, docteur ! — répliqua froidement Henri ; — tant pis pour vous, car vous étiez l'ami d'un voleur.

— Georges, un voleur ! — lui, le plus noble, le plus généreux des hommes ! — murmura Martial.

— Docteur, cette discussion s'égare ! — interrompit le comte. — La justice a prononcé.

— Oui, monsieur ! grâce à vous ! grâce à vous qui vous êtes servi du glaive de la loi pour frapper votre ennemi ! — Autrefois, il y a de cela sept années, vous avez fait condamner un innocent ! aujourd'hui vous assassinez une innocente !

M. de Talmay se mit à rire.

— Allons, docteur... — dit-il ensuite, — ceci est du mélodrame et rien de plus ! —

Vous êtes jaloux de vos attributions, et je le comprends, mais cette jalousie vous entraîne un peu loin. — On a vu de tout temps des médecins qui tuaient leurs malades et qui voulaient se réserver le monopole de l'extermination... — Vous êtes de ceux-là, sans doute, et vous avez peur que je ne vous fasse concurrence. — Rassurez-vous, il n'en sera rien... — Je ne vous dis point adieu, docteur; je vous dis au revoir, et je pense demain vous trouver plus calme...

Le comte salua de la main et se perdit, en riant toujours, au milieu de la cohue élégante qui s'entassait dans les salons de la Redoute.

— Il est sans pitié! — murmura Martial resté seul. — Il sera sans pitié jusqu'au bout!... — Faut-il le maudire ou le plaindre !

— Il faut le plaindre ! — se répondit-il au bout d'un instant. — Combien n'a-t-il pas dû souffrir pour que son cœur se soit ainsi pétrifié !

Et Martial se lança dans le bal à son tour avec l'espoir, toujours déçu, d'y rencontrer Georges.

Le hasard l'ayant conduit à l'entrée du petit salon dans lequel avait eu lieu sa conversation avec Sylvanire, il vit M. de Talmay assis à une table de bouillotte et entassant devant lui des billets de banque et des piles d'or.

## IX

**Georges et Marie**

Martial, de plus en plus inquiet, car l'absence de Georges lui paraissait inexplicable, allait et venait avec agitation dans la foule, suscitant de sourdes colères par l'inopportunité de ses pérégrinations, et dérangeant dans leur essor les couples tournoyants que la valse emportait sur ses ailes harmonieuses.

— C'est incompréhensible ! — murmurait-il en parcourant pour la dixième fois les vastes salons, — c'est incompréhensible ! — Où peut-il être?... — Comment se fait-il qu'il ne soit pas encore ici?... — Où le rejoindre maintenant et de quelle façon m'y prendre pour empêcher une rencontre dont les conséquences m'épouvantent?

Martial en était là de son soliloque incohérent, lorsqu'il sentit une petite main se poser sur son bras.

Il se retourna brusquement, et il vit, à deux pas de lui, madame de Talmay si tremblante et si pâle qu'elle semblait près de tomber en défaillance.

Il fit un mouvement pour la soutenir.

Marie interrompit le geste commencé.

— Non, docteur, — dit-elle avec un étrange sourire, — non, je ne tomberai pas...— je parais faible, mais je suis forte...

La jeune femme avait raison, — la fièvre qui circulait dans ses veines et qui mettait des flammes dans ses yeux, la galvanisait en la dévorant.

— Docteur,— reprit-elle d'une voix calme, irrécusable indice d'une détermination sans appel, — ma tante m'a dit la vérité...— Georges est ici,— je veux le voir...

Martial se sentit ému et troublé jusque dans la moelle de ses os.

— Ah! balbutia-t-il, voilà ce que je craignais !... — Madame, je vous en conjure, renoncez à ce projet funeste.

— Je veux le voir... — répéta Marie.

— Mais c'est insensé, madame !... — N'avez-vous pas assez souffert déjà ? — Voulez-vous donc vous perdre tout à fait ?...

— Croyez-vous, docteur, qu'il soit possible d'être plus complètement perdue que je ne le suis ? — Je n'ai vécu sept ans que dans l'espoir et dans l'attente d'aujourd'hui. — Je vous dis que je veux le voir... — vous êtes son ami, — conduisez-moi vers lui.

Martial effrayé gardait le silence.

— Refusez-vous de me guider ? — demanda Marie. — Si cela est, dites-le moi, j'irai seule.

— Je ne refuse rien, madame ; mais, au nom du ciel, souvenez-vous...

— De quoi voulez-vous que je me souvienne?...

— Du passé.

— Eh ! c'est parce que je me souviens, que je veux une heure de joie pour racheter sept ans de tortures !...

— Laissez-moi du moins le prévenir.

— Non, — j'ai soif d'entendre le cri qui s'échappera de ses lèvres en me reconnaissant...

— Mais le monde...

— Le monde n'existe plus pour moi.

— Mais votre mari...

— Que m'importe?... — Cet homme dont je porte le nom, ce n'est plus mon mari, c'est mon ennemi, c'est mon bourreau!! — La trahison dont il se venge, vous savez bien que je ne l'avais pas commise!! — Je suis relevée de mes serments, — mon âme est à celui qui m'a donné plus que sa vie, qui m'a donné son honneur!... — D'ailleurs, regardez-moi... — vous êtes médecin, — vous connaissez les symptômes de la mort prochaine, — vous voyez bien que cette ardente prière que je vous adresse est le vœu suprême d'une mourante... — Allons, docteur, ayez pitié de moi, — conduisez-moi vers lui...

— Madame, — murmura Martial qui sentait sa résistance se fondre au feu de ces yeux suppliants et au son de cette voix si douce qui s'échappait d'un cœur brisé, — tout ce que vous voudrez que je fasse, je le ferai...

— Seulement, je vous le jure sur mon honneur, je ne sais où trouver Georges en ce moment...

— Ne doit-il pas venir à cette fête? — reprit Marie.

— Oui, — mais depuis une heure je le cherche sans résultat.

— Eh bien, donnez-moi votre bras, nous l'attendrons ensemble...

Martial s'inclina silencieusement, — la comtesse s'appuya sur lui avec l'involontaire abandon d'une femme dont la force s'en va, et tous deux traversèrent les vagues humaines pour aller chercher dans le premier salon, auprès de l'entrée et du vestibule, un endroit où la foule fût moins compacte et l'air respirable plus abondant.

Pendant quelques instants le docteur et madame de Talmay n'échangèrent pas une parole.

Martial voyait le sein de sa compagne se

soulever et son cœur battre avec une violence convulsive... — il sentait les pulsations sèches et rapides du poignet délicat posé sur son bras.

— Pauvre femme! — se disait-il, — vigoureuse et noble nature à qui le bonheur aurait fait une vie si longue et si douce!... — elle va s'éteindre!! Les indifférents diront : — Madame la comtesse de Talmay est morte d'une maladie de langueur!... — Combien y aura-t-il de gens en ce monde qui sauront et qui pourront dire qu'elle est morte de désespoir?... — Hélas! et le bonheur lui-même, s'il venait aujourd'hui, ne la sauverait pas car il viendrait trop tard!...

Dix ou douze minutes s'écoulèrent.

— Madame la comtesse, — demanda Martial, — voulez-vous me permettre de vous quitter pour un moment bien court? — Je rentrerai dans le bal, et de nouveau je chercherai Georges...

Marie secoua doucement la tête.

— Voilà qui serait inutile, docteur, — répondit-elle ensuite, — Georges n'est pas encore venu.

— Le croyez-vous?

— J'en suis sûre.

— Et comment?

— Si Georges était ici, je le saurais déjà...

— Qui donc vous l'aurait dit?

— Les battements de mon cœur.

Martial sourit involontairement.

— Vous n'êtes pas convaincu, docteur? demanda la jeune femme.

— S'il faut vous l'avouer, je doute.

— Eh bien, vous avez tort. — J'ai la certitude, docteur, vous entendez, *la certitude*, qu'à l'instant précis où Georges se rapprochera de moi, où nous respirerons le même air, les battements de mon cœur m'en avertiront... — D'ailleurs, — continua Marie en parlant d'une voix plus haute et en semblant étudier quelque chose qui se passait en elle-même, — vous aurez la preuve de ce que je viens de vous dire... vous l'aurez bientôt...

Elle s'interrompit, — puis elle ajouta, en appuyant la main sur son cœur, tandis que son visage prenait une ineffable expression de béatitude :

— Vous allez l'avoir à l'instant ! — Il vient... il vient... il approche... — Oh! je savais bien qu'une voix intérieure me crierait : *Le voici !*

Et Marie, transfigurée, prenait à son insu

l'attitude et la physionomie d'une jeune prophétesse qui, dans une heure d'extase, voit se dévoiler à ses yeux les secrets de l'avenir.

Martial tressaillit et se retourna.

Georges franchissait en ce moment les dernières marches du grand escalier, séparé du premier salon par une double porte vitrée et par un large vestibule.

De l'endroit où se trouvait placée madame de Talmay, elle n'avait pu le voir encore...

Une inexplicable prescience venait donc, bien réellement, de lui révéler son approche.

En face de ce fait étrange qui avait en soi quelque chose d'inouï, de presque surnaturel, Martial, un peu matérialiste comme tous les médecins, demeura muet et anéanti, luttant contre le témoignage de ses regards et cherchant une explication qu'il ne trouvait pas.

M. de Commarin, lui aussi, éprouvait un pressentiment mystérieux, — son visage exprimait une émotion profonde, — à mesure qu'il avançait, il sentait augmenter l'agitation fébrile dont il se demandait vainement la cause.

Il traversa le vestibule et il s'arrêta, dévorant des yeux le groupe formé par Martial et par madame de Talmay.

Il ne voyait que les épaules et les cheveux blonds de la jeune femme. — C'en était assez pour la reconnaître, — et il la reconnaissait, — mais il n'osait croire, et il se disait :
— Je rêve !... — C'est un mirage qui va disparaître... — c'est une vision qui va s'envoler...

Cet état de doute et d'incertitude ne dura d'ailleurs que quelques secondes.

Au risque de retomber brusquement dans la réalité, Georges s'élança en avant et balbutia le nom de Marie.

Madame de Talmay tourna la tête à demi et répondit :

— Oui, c'est bien moi...

En même temps elle tendit à Georges sa main dégantée sur laquelle il colla ses lèvres défaillantes ; — il chancelait comme un homme en délire sous le poids écrasant de ce bonheur inattendu.

C'était la seconde fois, depuis sept ans, que les lèvres de Georges touchaient la main de Marie.

Il avait payé de son honneur et de cinq ans de bagne le premier baiser.

De quel prix allait-il payer le second ?...

— Georges... Georges... — murmura la jeune femme en regardant les mèches blanches mêlées aux cheveux noirs de M. de Commarin, — mon ami... mon pauvre ami, comme ils vous ont fait souffrir !...

— Je ne m'en souviens plus, Marie, puisque c'est pour vous que j'ai souffert et puisque je vous revois enfin.

— Oh ! mon ami, combien la pensée de votre supplice rendait le mien plus cruel !...

— Votre supplice, dites-vous, Marie ! — Qu'ai-je entendu ?... Vous étiez malheureuse ?

— Nous avions le même bourreau... — un bourreau bien infatigable et bien cruel, — pour moi comme pour vous il était sans pitié... — Georges, je suis à bout de mes forces, je suis à bout de mon courage.

— Marie, voulez-vous que je vous venge?

— Non, mais je veux que vous me sauviez...

— Eh bien, fuyons ensemble... Voulez-vous fuir? — C'est le salut.

— Oui, Georges, fuyons et cachons-nous si bien qu'il ne retrouve jamais nos traces.

— Oh! ma bien-aimée, soyez bénie! — Le passé n'est qu'un mauvais rêve... — l'avenir nous reste... — Vous vivrez heureuse.

— Non, — pensa madame de Talmay avec un sourire triste et doux, — non, je ne vivrai pas heureuse, mais au moins je mourrai consolée, et c'est une main amie qui fermera mes yeux.

Georges s'approcha vivement du docteur qui s'était, par discrétion, reculé de quelques pas.

— Ecoute, Martial, — lui dit-il, — tu vas me rendre un service qui complétera ce dévouement sans bornes dont tu m'as donné tant de preuves...

— Que faut-il faire ?

— Cours au châlet sans perdre une seconde, et songe que ma vie et plus que ma vie dépendent de ta promptitude... — Voici la clé du secrétaire, — mets dans tes poches tout l'or que tu trouveras et le portefeuille rempli de traites, — fais atteler *Yorick* et *Paddy*... — amène la voiture au bas des degrés, — pas de cocher, — conduis toi-même... — Tu as compris, mon ami, va vite!... — J'attends ton retour comme le condamné à mort attend sa grâce...

— Georges, — demanda Martial avec effroi, — que vas-tu faire?

— Eh! tu le sais bien! — partir.

— Avec elle?

— Oui, — avec elle.

— Vous serez poursuivis...

— Peut-être, mais nous ne serons pas rejoints.

— Hélas!.... vous vous perdez tous deux!

— Qu'importe, si nous nous perdons ensemble!...

A cette sublime déraison de l'amour, il n'y avait rien à répondre. — Martial le comprit.

Il baissa la tête et sortit, prêt à se plier passivement à toutes les volontés de son ami, mais emportant avec lui un pressentiment funeste.

Georges revint à Marie.

— Encore une demi-heure de patience, chère bien-aimée... — dit-il tout bas à son oreille, — et vous serez sauvée... et nous aurons devant nous l'espace, la liberté, le bonheur.

— Répétez-moi ces mots si doux, mon ami... — murmura la jeune femme. — Depuis bien longtemps j'ai cessé de croire au bonheur !... — Peut-être, en vous écoutant, y pourrai-je croire de nouveau...

— Marie, ne doutez pas de l'avenir ! — je vous en prie, et Dieu vous le défend ! — N'avez-vous pas vu les ciels les plus purs et les plus tièdes soleils succéder aux longues tempêtes, aux jours de pluie tristes et sombres? — Il en sera de même pour nous! — nous avons été si malheureux!... — N'avons nous pas subi toutes les douleurs, toutes les angoisses, toutes les tortures de la vie?... — *Dieu mesure le vent à la brebis tondue...* dit un vieil adage qui me paraît touchant et vrai... — Dieu est juste... — à votre pauvre âme brisée il mesurera désormais la souffrance. — Les mauvais jours sont passés, Marie!... — Oubliez les tempêtes et désapprenez les larmes, puisque voici qu'arrive le beau temps du soleil et des sourires...

Marie écoutait dans une muette extase l'harmonieuse musique de ces paroles d'espérance et d'amour... — Ses yeux étaient fermés à demi, et sur ses lèvres pâlies refleurissait déjà ce divin sourire que Georges venait de lui promettre pour l'avenir.

— Ne croyez-vous pas, Marie, — reprit le jeune homme avec une passion qui faisait trembler sa voix, — ne voyez-vous pas que nous avons été créés l'un pour l'autre et qu'entre nous, douleurs et joie, tout devait être partagé? — Remontez avec moi, pour un instant, dans ce passé qui n'est plus qu'un songe... — L'amour qui remplissait mon âme tout entière s'éveillait déjà dans la vôtre. — Alors vous étiez perdue, perdue par ma faute, et cependant, au lieu de me maudire comme c'était votre droit, vous veniez essayer de me sauver ! vous repoussiez mon dévouement et vous fouliez aux pieds pour moi ce qu'une femme a de plus précieux en ce monde, son honneur injustement et lâchement attaqué ! — Sept années ont passé depuis, — sept années d'un long supplice, et dans ce supplice, par instants, j'avais des joies du ciel ! Je bénissais mes fers en les portant pour vous, — j'aurais voulu mourir en me disant : *Je meurs pour elle !!* — — Ah ! je la connais bien, l'âcre volupté du sacrifice ! — Les chrétiens d'autrefois, sous le couteau des persécuteurs, offraient, fiers et joyeux, leur poitrine à la croix sanglante ! — c'était la livrée de leur Dieu... Moi je portais avec un orgueil pareil la casaque des forçats du bagne ! c'était la livrée de mon amour.

— Comment m'aime-t-il donc ? — balbutia Marie, — comment m'aime-t-il donc ? ô mon Dieu !

— Comment je vous aime !... — répéta

Georges. — Peut-être votre cœur pourra-t-il le comprendre un jour, mais jamais je ne saurai, moi, vous peindre cet amour immense qui est mon âme, qui est ma chair et est mon sang! — Des mots! qu'est-ce que des mots pour rendre ce qui se passe en moi? — L'infini peut-il s'exprimer avec des paroles?... Et vous aussi, vous m'aimez, Marie, et vous voyez bien qu'après sept ans cette fatalité inexorable qui nous avait jetés loin l'un de l'autre, se lasse et nous rassemble enfin! — Vous voyez bien qu'un jour arrive, ou la force et le courage vous manquent à la fois, ce jour là, un miracle se fait... vous me trouvez sur votre chemin, vous me criez : *Georges, sauvez-moi !* — Dieu me protége, et je vous sauve !

Marie frissonna.

— Oh ! mon ami... — balbutia-t-elle, — oh! mon ami... ne parlez pas de Dieu...

— Pourquoi ?

— Vous blasphémez en invoquant son nom... Notre amour est un amour coupable, et peut-être un amour maudit !...

— N'en croyez rien, Marie... Dieu nous voit, et il nous pardonne... — N'avons-nous pas assez souffert pour expier d'avance, même un crime ! Et nous n'en avons jamais commis... — Espérez et ne craignez plus... — Le mauvais sort est las de nous persécuter ; à nous l'avenir et le bonheur ! — Nous défions le hasard lui-même, car voici Martial qui revient, et la liberté avec lui...

A travers les vitrages de la fenêtre auprès de laquelle Marie et Georges se tenaient debout, M. de Commarin venait en effet d'apercevoir la voiture, conduite par le docteur, tournant l'angle d'une rue voisine au trot impétueux de ses chevaux pur sang.

— Venez... venez... — reprit-il, — hâtons-nous; je voudrais avoir mis déjà des mondes et des océans entre vous et votre bourreau...

— Oui... hâtons-nous, — répéta Marie en se soutenant, ou plutôt en se cramponnant des deux mains au bras du jeune homme, car sa force factice s'évanouissait rapidement, et c'est à peine si elle pouvait se tenir debout.

Déjà tous deux avaient fait quelques pas. Ils allaient atteindre la porte du vestibule. Marie poussa un cri étouffé, et Georges la sentit trembler de tous ses membres.

Une main venait de se poser sur son épaule nue, et une voix lui disait avec un accent de railleuse politesse :

— Je crois, madame la comtesse, que vous vous trompez de cavalier... — S'il vous convient de quitter le bal, je vais avoir l'honneur de vous offrir mon bras pour vous conduire à votre voiture.

Georges se retourna, frissonnant de colère, et se vit en face du comte de Talmay qui ne daigna pas même laisser tomber un regard sur lui, et qui répéta :

— Votre bras... madame.

Un court instant d'effrayant silence suivit ces paroles.

Les jambes de Marie ployèrent sous elle. — Elle allait tomber à genoux. — Le comte la saisit par le poignet et la maintint debout en meurtrissant son bras frêle sous sa rude étreinte.

Un gémissement faible s'exhala des lèvres de la malheureuse femme.

Ce gémissement s'enfonça dans le cœur de Georges comme une épée.

— Monsieur, — dit-il d'une voix sourde, les dents serrées, les yeux étincelants, — l'homme qui porte la main sur une femme est un lâche! — Si vous l'ignorez, je vous l'apprends...

Le comte de Talmay toisa M. de Commarin de la tête aux pieds avec une expression souverainement hautaine et méprisante.

— Il me semble, monsieur, que vous venez de me parler.... — fit-il ensuite. — Qu'avez-vous dit? — Je n'écoutais pas.

— J'ai dit que vous êtes un lâche!...

Le comte lança pour la seconde fois à Georges un regard chargé de dédain, et pour toute réponse prononça ces mots :

— Vous êtes sur mon chemin, — rangez-vous.

Georges, au lieu de reculer, fit deux pas en avant, et croisant ses bras sur sa poitrine il reprit :

— Je crois que le moment de régler notre compte est enfin arrivé !...

— Faites-moi place, monsieur, — je ne vous connais pas.

— Monsieur de Talmay, prenez garde!

— Prenez garde vous-même et laissez le passage libre. — Je vous l'ai dit deux fois, c'est trop!...

— Monsieur de Talmay, — continua Georges, — je vous aurais pardonné tout ce que vous m'avez fait souffrir, mais ce que vous avez fait souffrir à cet ange, je ne vous le pardonnerai jamais !!!

Henri eut un sourire sinistre.

— Monsieur, — dit-il, — cet ange est ma femme !...

— Vous en avez menti !... les liens qui vous unissaient n'existent plus, — vous les avez brisés !

— A votre profit, peut-être ?...

— Mais ce rôle de bourreau que vous avez choisi, vous ne le jouerez pas plus longtemps !...

— Et qui m'en empêchera ?...

— Moi.

— Et comment m'en empêcherez-vous ?

— En vous tuant.

— Et comment me tuerez-vous ?

— Je vous tuerai comme on se tue entre gens de notre sorte, — en duel, — épée contre épée...

M. de Talmay se mit à rire avec une expression infernale.

Tout ce qui précède venait de se dire à voix basse, et, — pour nous servir d'une expression triviale, mais énergique et expressive, — *entre cuir et chair.*

Plusieurs des promeneurs du premier salon commençaient cependant à comprendre qu'il se passait quelque chose d'étrange entre ces deux hommes dont l'un soutenait à son bras une femme anéantie et qui semblait mourante, et dont l'autre était M. de

Bracieux, le héros de la saison. — Un cercle de curieux se formait.

— Un duel! — répéta le comte à deux reprises, en élevant la voix de plus en plus, à chaque syllabe, et en accentuant chaque mot par un éclat du rire sinistre dont nous venons de parler, — un duel! — allons donc! — est-ce qu'on se bat avec un bandit?

Georges poussa un rugissement de fureur et sa main droite se leva pour souffleter le comte, — mais ce dernier arrêta cette main au vol avant qu'elle fût retombée sur sa joue, et tordant le bras de M. de Commarin avec la force herculéenne qui se cachait sous son apparence presque débile, il cria d'une voix tonnante :

— Sortez! je vous l'ordonne!

Dans les salons voisins, les danses étaient interrompues... — l'orchestre faisait silence... — Une foule compacte enveloppait le petit groupe... — On montait sur les banquettes et sur les fauteuils pour mieux voir.

— Qu'y a-t-il donc? — que se passe-t-il? — demandèrent vingt voix à la fois.

— Messieurs, — répondit M. de Talmay, — ce qui se passe n'est point digne d'attirer votre attention... — Il s'agit d'un misérable que je chasse de ces salons où il aurait dû ne jamais entrer.

Un murmure d'étonnement et d'indignation courut dans les rangs des spectateurs les plus rapprochés.

— Lui, un misérable! — s'écria un incrédule en se faisant l'interprète du sentiment général, — lui! M. de Bracieux! — Vous êtes fou!

En même temps une rumeur presque menaçante s'élevait contre le comte.

Sa voix domina cette rumeur.

— Non, je ne suis pas fou, — dit-il, — je ne suis pas fou et vous êtes dupes. — Cet homme que vous appelez M. de Bracieux se nomme Georges de Commarin... — cet homme sort du bagne de Brest... — cet homme est un forçat !

La foule épouvantée recula.

Cependant le contradicteur obstiné doutait encore et traduisait ses doutes par cette exclamation :

— C'est impossible!... — Il y a erreur!...

— Non, non, il n'y a pas d'erreur, —

répliqua Henri; — ce que j'avance, je vais le prouver! — C'est sur la plainte du comte de Talmay et pour vol commis dans son château, la nuit, avec effraction, que Georges de Commarin a été condamné à cinq ans de travaux forcés en 1829, par la cour d'assises de Dijon. — Or, le comte de Talmay, c'est moi.

Le cercle des curieux s'élargit de plus en plus, — on commençait à s'éloigner de Georges avec une sorte d'horreur, comme on s'éloigne d'un pestiféré.

Certain de triompher désormais, Henri continua :

— D'ailleurs, regarde-le, cet homme, — il pourrait se défendre et me répondre... — regardez... — la vérité se lit sur son visage... — Allons, misérable, vous voilà démasqué, sortez! Au nom des honnêtes gens, je vous chasse !

Écrasé, — anéanti, — foudroyé, — Georges devenait fou... — Le parquet se dérobait sous ses pieds comme le pont d'un navire battu par la houle... — Les murailles, les plafonds, les spectateurs, tournaient autour de lui avec une rapidité vertigineuse.

Une clameur immense de réprobation et d'horreur s'élevait de toutes parts et l'assourdissait...

Il porta ses deux mains à son front, — il voulut pleurer, mais ses yeux restèrent secs... — il voulut crier, mais aucun son ne s'échappa de sa gorge haletante.

Alors il lui sembla que la nuit venait et que des ténèbres profondes enveloppaient soudainement son esprit et son corps, —

il ne vit plus, — il n'entendit plus, — et il tomba de toute sa hauteur, comme frappé d'un coup de hache, — au milieu de la foule éperdue qui sentit une involontaire émotion se mêler à l'horreur qu'elle éprouvait.

Un vieux médecin se trouvait là.

Il s'approcha de Georges, mit le doigt sur sa veine et secoua la tête.

— Attaque d'apoplexie foudroyante! — dit-il d'un air docte en se relevant, — le sujet est mort.

A ce moment une porte s'ouvrit et Martial entra dans le salon.

Inquiet d'abord de ne pas voir arriver Georges et Marie, — épouvanté bientôt par les rumeurs de mauvais augure et par les bruits étranges qui descendaient jusqu'à lui, il avait pris le parti de quitter la voiture, en confiant les chevaux à la garde d'un mendiant, et de monter pour s'assurer de ce qui se passait...

Le corps inanimé de Georges fut le premier objet qui frappa ses yeux.

Il bondit jusqu'auprès de ce corps et il s'agenouilla à son côté en s'écriant :

— Oh! mes pressentiments! mes pressentiments!

— Le docteur était l'ami du forçat, — fit une voix qui trouva de l'écho, — il doit être un coquin lui-même! Voyez donc quelle mauvaise figure!

En même temps M. de Talmay disait à Marie :

— Et maintenant.. — rentrons.

— Ah ! vous me tuez, — balbutia la malheureuse femme avec le râle du désespoir et de l'agonie, — vous me tuez, monsieur !

— Je le sais bien... — répondit Henri.

Et il entraîna la comtesse au milieu de la foule encore frémissante.

## X

La fin du roman.

Le vieux médecin s'était trompé lorsqu'il affirmait d'un air doctoral la mort du *sujet*, et lorsqu'il baptisait un simple coup de sang du nom terrible d'apoplexie.

Martial, dans un premier moment de trouble, partagea cette erreur et crut que son malheureux ami avait cessé de vivre et de souffrir, mais il s'aperçut bien vite que le cœur conservait encore de faibles battements;

— il déchira l'une des manches de Georges et il piqua la veine avec une lancette dont il ne se séparait jamais.

Le sang coula lentement d'abord, — puis plus vite, — et jaillit enfin comme un filet d'une pourpre sombre. — Les yeux de Georges s'entr'ouvrirent, mais, éblouis sans doute par l'éclat des lumières, ils se refermèrent aussitôt.

Martial improvisa des ligatures en déchirant son mouchoir de poche, et il fit porter M. de Commarin dans la voiture qui devait servir à l'enlèvement ou plutôt à la fuite.

En arrivant au chalet Georges ne se ranima que pour subir les premiers accès d'un effrayant délire.

La fièvre cérébrale venait de se déclarer.

— Tout ce qui dépendra de moi je le ferai, pensa Martial, — et, si Dieu me vient en aide, je sauverai mon ami... — Mais pour son repos et pour son bonheur, ne vaudrait-il pas mieux qu'il mourût?

Pendant quarante jours une lutte acharnée s'engagea entre la vie et la mort qui se disputaient Georges... — pendant quarante jours Martial dut croire d'heure en heure et pour ainsi dire de minute en minute que l'âme captive allait rompre sa prison de chair et s'envoler vers les espaces inconnus.

Il n'en fut rien cependant.

La vigoureuse constitution du malade, et,

nous devons le dire, les soins assidus et la science profonde du médecin triomphèrent de la maladie.

Le danger disparut, mais la convalescence fut longue.

Au bout de trois mois seulement, Georges et Martial purent s'éloigner de la Belgique et se diriger vers l'Italie, où le docteur avait décidé que son malade passerait l'hiver.

Avant d'abandonner Spa, M. de Commarin renvoya ses gens, vendit ses chevaux et quitta ce nom de *Brácieux* aussi fatalement célèbre désormais que son propre nom.

Il n'en prit pas d'autre.

— A l'avenir je ne m'appellerai que *Georges*, — dit-il, — et je vivrai dans une obscurité si profonde, que l'insulte et le mépris ne pourront la traverser pour arriver jusqu'à moi.

§

Le lendemain de la terrible scène que nous avons mise sous les yeux de nos lecteurs dans le précédent chapitre, le comte de Talmay, épouvanté peut-être lui-même de l'immense scandale qu'il avait provoqué, quitta Spa en emmenant Marie et la baronne, et parcourut lentement et à petites journées les bords du Rhin.

— Eh bien, madame, — disait-il chaque jour à sa femme avec une infatigable persévérance, — me parlerez-vous encore de votre innocence?... — Soutiendrez-vous toujours que Georges le forçat n'était point votre amant et que ma vengeance est inique?...

Madame de Talmay baissait la tête et ne répondait pas.

Sylvanire, à l'insu de son neveu, écrivait à Martial des lettres exaltées, et recevait par lui des nouvelles de Georges.

Les courts billets du docteur, communiqués par Sylvanire à Marie, soutenaient seuls la pauvre femme et lui donnaient le courage de vivre, ou du moins de ne pas hâter sa mort.

Au mois d'octobre, M. de Talmay ramena la comtesse à Paris. Alors recommença pour elle cet étrange supplice de fêtes incessantes auxquelles son mari la traînait sans relâche et sans pitié.

La moitié de l'hiver, à peu près, se passa ainsi.

Dans le courant de février, les forces de Marie se trouvaient complètement épuisées, et ces mêmes *princes de la science* qui avaient ordonné les *distractions*, déclarèrent au comte que sa femme leur paraissait condamnée, et qu'elle ne pourrait plus guère désormais quitter son lit ou son fauteuil.

Lorsque cet arrêt sans appel fut prononcé, Henri entra dans la chambre de Marie.

— Nous partons demain.... — lui dit-il.

— C'est bien, — répondit la comtesse.

— Vous ne me demandez pas où nous allons...

— Mourir ici ou mourir ailleurs, qu'importe?

— Que parlez-vous de mourir ? — vous avez encore devant vous de longues années.

— Il paraît que le mouvement et les plaisirs étaient décidément contraires à votre constitution ; mais je compte sur le repos et le calme de la campagne pour vous remettre tout à fait... — Nous retournons en Bourgogne et nous n'en sortirons plus.

— C'est bien... — répéta Marie.

Le lendemain, la comtesse était portée dans une chaise de poste, les grelots des chevaux tintaient, et les postillons, faisant claquer joyeusement leurs fouets, lançaient au galop l'attelage sur les pavés sonores.

Les pauvres diables qui voyaient passer cette berline rapide, au milieu d'un tourbillon de poussière et de tapage, se disaient en soupirant avec envie :

— Qu'ils sont heureux, ces riches !

Ainsi juge le monde.

Sylvanire, faisant preuve cette fois d'un véritable dévouement, quittait Paris en plein hiver pour accompagner Marie.

Ceci, — nous n'en doutons point, — dut effacer plus d'une peccadille amoureuse de la trop légère baronne sur le grand livre où sont inscrites les humaines faiblesses.

Ce fut un moment cruel pour madame de Talmay que celui de son arrivée dans ce château, si rempli pour elle de souvenirs douloureux et impérissables.

Elle fit preuve d'un héroïsme surhumain, — elle sut cacher jusqu'au moindre vestige de son émotion lorsqu'elle apprit de la bouche de son mari qu'elle aurait à l'avenir pour chambre à coucher le boudoir où s'était joué jadis le drame sinistre de l'effraction.

— Puisque vous ne pouvez sortir, — dit Henri, — cet appartement vous sera commode pour recevoir les visites qui vous seront faites.

Dès le lendemain de son retour en Bourgogne, M. de Talmay s'occupa de remettre sur un grand pied ses meutes et ses équipages de chasse... — il redevint, comme au temps de sa jeunesse, un intrépide et infatigable veneur, et ses journées entières se passèrent au fond des bois. — C'est à peine si la comtesse et la baronne le voyaient deux ou trois fois par semaine, et seulement à l'heure du repas du soir.

Le reste du temps, il rentrait tard, — couvert de boue de la tête aux pieds, — et il se faisait servir dans son appartement.

Cette nouvelle existence apportait à Marie un immense soulagement moral ; — elle se trouvait presque heureuse, ce qui ne l'empêchait point d'envisager avec un calme profond et une sorte de joie l'idée de sa mort qu'elle considérait comme très prochaine.

Mieux et plus sûrement peut-être qu'un médecin, madame de Talmay se rendait compte de son état. — La progressive diminution de ses forces vitales, diminution qu'elle étudiait avec une étrange et froide curiosité, lui permettait de constater les progrès rapides et réguliers de la consomption.

Elle devinait les symptômes précurseurs d'un anéantissement absolu, et elle pensait sans amertume à ce long sommeil qu'elle dormirait bientôt, sous une pierre blanche armoriée, dans le petit cimetière du village.

Un jour, — vers la fin d'avril, — Marie eut une émotion qui faillit la tuer sur l'heure.

Sa femme de chambre, jeune paysanne beaucoup moins stylée mais beaucoup plus dévouée que mademoiselle Flore de rancunière mémoire, lui vint annoncer qu'un étranger demandait à la voir et qu'il insistait pour être reçu.

Marie, dont le système nerveux était dans l'état le plus déplorable, poussa un cri et s'évanouit en reconnaissant le docteur Martial.

Au sortir de cet évanouissement, elle questionna le médecin avec une ardeur dont il sera possible peut-être à quelques-unes de nos lectrices de se faire une idée.

Martial répondit qu'il avait laissé en Italie, à Florence, Georges complètement rétabli, et que lui-même, fatigué des voyages, se fixait pour toujours à Dijon, sa ville natale.

— Tant mieux ! — s'écria Marie. — Vous viendrez souvent me voir, n'est-ce pas ?...

— Aussi souvent que vous voudrez bien me le permettre...

— Je suis malade, docteur, — dit la comtesse en souriant. — En cette qualité, j'aurais besoin de visites presque quotidiennes.

— Engagez-vous sans crainte à venir... — Si fidéle que vous soyez à vos engagements, leur durée ne sera pas longue.

— Pourquoi cela ?... — murmura Martial.

— Pourquoi cela ? — répéta Marie. — Ce n'est pas sérieusement, docteur, que vous me faites cette question ?...

Puis, changeant brusquement de conversation, elle ajouta :

— Vous ne me questionnez point au sujet de M. de Talmay ?... Eh bien, je vais vous donner de ses nouvelles. — Il considère comme achevée, et il a raison, l'œuvre commencée par lui il y a sept ans... — Il chasse sans cesse, — je ne le vois plus, et par conséquent je jouis d'un repos dont j'avais oublié même l'existence et que j'avais cessé d'espérer en ce monde.

Elle ajouta tout bas :

— Il n'y a plus que le cœur qui souffre, — mais bientôt, lui aussi, sera guéri.

A partir de ce moment, Martial vint trois ou quatre fois par semaine au château de Talmay.

Un jour il rencontra le comte, et il l'aborda, non sans un embarras involontaire facile à comprendre, mais Henri parut n'avoir conservé aucun souvenir des dures vérités formulées avec tant d'énergie par le docteur au bal de la Redoute, dans le cours d'un entretien que nous avons précédemment rapporté.

— Venez voir ma femme, — dit-il, — venez souvent, et tâchez d'être plus heureux ou plus habile pour la guérir que tous vos illustres confrères.

§

Quelques semaines s'étaient écoulées

depuis ce retour inattendu de Martial à Dijon.

Le mois de mai, le plus doux de tous les mois, — le mois des fleurs, — le mois de la Vierge, — le mois de l'amour, — allait finir.

Midi venait de sonner à la pendule que l'éléphant de porcelaine portait sur son dos, entre les deux petits nègres.

La baronne de la Margelle, à la prière de Marie, était partie pour Dijon aussitôt après le déjeuner, afin d'y faire quelques emplettes, et ne devait revenir que le soir.

Le comte chassait depuis le point du jour un sanglier détourné la veille dans une forêt située à cinq ou six lieues du château.

Dans la matinée, Marie avait fait appeler

le curé du village, bon et simple vieillard
à cheveux blancs. — Elle lui avait raconté
louguement sa vie tout entière, ses douleurs,
ses aspirations, ses défaillances, — elle
ne lui avait rien caché, ni de son âme ni
de son cœur, et le vieillard s'était retiré en
disant :

— Soyez bénie et soyez pardonnée, ma
fille... — Au nom du Dieu de miséricorde
et de bonté, je vous absous de toutes vos
fautes... — Que la paix demeure avec vous,
car votre âme est pure en ce moment comme
au jour de votre baptême.

Madame de Talmay, après le départ du
vieux prêtre, se plongea dans une rêverie
qui sans doute n'avait rien de douloureux,
car ses grands yeux profonds et son visage
amaigri exprimaient un calme absolu.

Cette rêverie fut interrompue par l'entrée de la rustique soubrette dont nous avons parlé déjà.

Sans mot dire, la camériste villageoise remit à sa maîtresse un papier plié en forme de lettre.

Marie déploya ce billet, le lut et le jeta au feu.

— Mon enfant... — dit-elle ensuite, — donnez-moi ce qu'il faut pour écrire.

La femme de chambre apporta une petite table auprès de la chaise longue sur laquelle madame de Talmay était étendue. — Cette petite table supportait du papier, de l'encre, des plumes et un bâton de cire rouge.

Marie traça une seule ligne sur une feuille

de papier qu'elle mit sous enveloppe. — Elle n'écrivit point d'adresse. — Elle cacheta, — et elle tendit l'enveloppe à la soubrette qui la prit sans faire une question et qui sortit du boudoir transformé en chambre à coucher.

Midi et demi sonnèrent à la pendule.

On annonça le docteur Martial.

— Je vous attendais... — lui dit la comtesse en lui tendant une main qu'il garda dans les siennes assez longtemps pour interroger la veine.

Marie le regardait faire en souriant.

— Eh bien! docteur, — lui demanda-t-elle ensuite, — comment me trouvez-vous aujourd'hui?

Martial hésita avant de répondre.

— Allons, allons... — reprit Marie avec une sorte de gaieté, — parlez franchement, je le veux.

— Je n'ai rien à cacher, je vous jure... le pouls est un peu faible peut-être, mais parfaitement calme et régulier.

— Alors, vous trouvez que tout va bien?

— Sans doute.

— Et c'est là ce que vous appelez votre franchise?

— Mais il me semble...

— Il vous semble que toute vérité n'est pas bonne à dire, cher docteur, — interrompit Marie, — et vous trouvez inutile de m'apprendre que les battements de mon pouls et ceux de mon cœur sont si faibles qu'ils vont s'éteindre. — Vous voyez que vous avez tort, puisque je sais aussi bien que vous ce que vous voulez me cacher.

— Madame la comtesse..., — répliqua vivement Martial, — vous vous exagérez beaucoup votre état. — Je ne vous dissimule pas qu'il est grave, mais il n'est point désespéré.

— Bien, docteur, laissons cela. — Vous ne faites, après tout, qu'un acte de charité en vous efforçant de m'entretenir dans une illusion consolante. — Ce n'est pas votre faute si le succès est impossible... Et maintenant, parlez-moi de Georges. — Avez-vous reçu de ses nouvelles ?

— Oui, madame.

— Bonnes?

— Aussi bonnes que possible.

— Où est-il maintenant?

— Toujours en Italie.

— A Florence?

— Oui, madame.

— Que vous dit-il dans sa lettre ?

— Qu'il recherche le mouvement et la distraction, et qu'il s'en trouve bien.

— Croyez-vous, docteur, que plus tard Georges finira par oublier?...

— Jamais complètement, madame ; mais je crois qu'un jour ses souvenirs perdront beaucoup de leur amertume.

— Ainsi, vous espérez que l'avenir lui réserve un bonheur relatif?

— Je l'espère, oui, madame.

— Docteur, — répliqua la comtesse avec

un nouveau sourire, — savez-vous que vous avez pour le mensonge un sang froid vraiment précieux?... — Vous parlez avec une si grande et si complète assurance, que, lors même qu'on sait que vous mentez, on est presque tenté de vous croire.

— Madame la comtesse, — murmura Martial fort déconcerté, — je ne comprends pas du tout ce que vous me faites l'honneur de me dire.

— Voici l'explication de cette énigme transparente : — Georges n'est point en Italie ; — il est revenu en France avec vous ; — il habite une petite maison louée par vous sous un faux nom à deux lieues d'ici, et il passe les trois quarts de sa vie caché dans le parc de ce château et les yeux fixés sur les fenêtres de cette pièce.

— Eh quoi! madame, — s'écria Martial, — vous savez...

— Vous voyez que je sais tout. — J'ajouterai que je n'ai pas encore vu Georges, mais que depuis un mois je suis en correspondance avec lui. — Chaque jour il m'écrit et chaque jour je lui réponds...

— Et il me l'a caché! — murmura le docteur avec un dépit involontaire.

— Il a bien fait, — répondit Marie. — En votre qualité d'ami dévoué, vous n'auriez pas manqué de lui représenter vivement la folie et le danger de sa conduite... Mieux valait donc ne point s'exposer à des conseils qu'il lui semblait impossible de suivre.

— C'est vrai. — Mais alors, madame, comment se fait-il que vous me disiez tout aujourd'hui?...

— Aujourd'hui, docteur, le mystère devient inutile, et, si j'avais gardé le silence, Georges demain vous aurait tout révélé...

— Pourquoi demain?...

— Je ne puis répondre à cette question. Donnez-moi votre main et dites-moi au revoir.

— Vous me renvoyez?

— Oui.

— Si vite!

— Il le faut.

— Ma visite vous fatigue?...

— Vous savez bien que non... — Je pourrais vous répondre que je sens le besoin d'être seule, — mais je serai franche, — j'attends quelqu'un.

— Georges, peut-être! — s'écria Martial.

— Vous l'avez dit.

— Quelle imprudence!...

— Imprudence ou non, je suis décidée. — Il va venir et je le recevrai.

— Que penseront vos gens?

— Aucun d'eux ne le connaît.

— Mais madame la baronne de la Margelle?...

— Ma tante est à Dijon.

— Et votre mari?...

— Il chasse. — D'ailleurs, si cette entrevue est un danger, je m'expose librement. — Je veux voir Georges encore une fois; mais, je vous le jure, ce sera la dernière... — Allons, docteur, partez, partez vite.

— Je vous quitte, puisque vous l'exigez, mais je m'en vais horriblement inquiet.

— Eh bien, s'il le faut pour vous rassurer, revenez dans une heure...

— Georges sera parti ?...

— Il sera parti, — répondit Marie.

Et tout bas elle ajouta :

— Et je serai partie aussi, moi...

Martial baisa la main presque diaphane que lui tendait la jeune femme et sortit du boudoir.

Madame de Talmay laissa s'écouler quelques minutes, puis elle quitta sa chaise longue, et lentement, péniblement, car elle était arrivée au dernier période de la maladie de langueur qui la dévorait, elle se traîna jusqu'auprès de la fenêtre.

Elle essaya d'ouvrir cette fenêtre, mais elle n'en eut pas la force.

Alors, derrière les vitres de cristal, elle agita son mouchoir blanc.

C'était un signal sans doute... — sur la lisière de verdure du parc un mouchoir fut également agité.

Marie regagna sa chaise longue et elle attendit.

Son attente fut courte.

La soubrette villageoise ouvrit la porte, et Georges vint tomber aux genoux de celle qu'il avait tant aimée et pour laquelle il avait tant souffert.

Il sentit son cœur se serrer en regardant ce pâle et doux visage, flétri, dévasté, méconnaissable, et toujours beau cependant, où la mort prochaine avait mis si lisiblement son empreinte.

— Oh Marie ! — s'écria-t-il, — enfin je vous revois!... — Mais pourquoi donc m'avoir fait si longtemps attendre?... — pourquoi donc avoir retardé si longtemps cette heure que j'aurais achetée au prix de la moitié de ma vie?...

— Moi aussi, mon ami, — répondit la comtesse, — moi aussi je suis bien heureuse de votre présence, et cependant je ne vous aurais pas encore appelé, — si le moment n'était venu de vous dire un long adieu.

— Un long adieu ! — répéta Georges attéré. — Pourquoi cet adieu ? — Ne devons-nous plus nous revoir ?

— Plus en ce monde.

— Quel est le sens de ces paroles? — Je tremble... — j'ai peur de comprendre...

— Et vous comprenez en effet... — Armez-vous de courage, Georges... — Tout est fini pour moi sur la terre... — je vais partir...

— Mais c'est impossible !

— Mon ami, regardez-moi bien, — et vous ne répéterez plus ce mot.

— On ne meurt pas quand on aime... on ne meurt pas quand on est aimée...— Laissez-moi vous sauver, Marie...—confiez-vous à moi... — Personne aujourd'hui ne viendra se dresser entre nous... fuyons...

— Georges, — interrompit Marie de sa voix lente et douce, — je bénis Dieu qui n'a point permis, il y a six mois, la réalisation de cette fuite que je provoquais alors et que je repousse aujourd'hui. — Savez-vous, mon ami, ce qui cause mon orgueil et mon bonheur à l'heure suprême où me voilà?— C'est la pureté de notre amour... — Cette ardente passion qui depuis si longtemps fait battre nos deux cœurs n'a pas une souillure terrestre... — Nos deux âmes sœurs pourront paraître devant Dieu ensemble et sans rougir... — Georges, nous avons eu sur la terre une existence de larmes et de douleurs, nous aurons dans le ciel une éternité de bonheur et de joies...

— Marie, je veux partir avec vous! — Séparés dans la vie, réunissons-nous dans la mort.

— C'est à moi de vous dire maintenant : — *C'est impossible!...* — Je pars la première et je vais vous attendre... — Votre tour viendra... Peut-être est-il proche; mais, si ma volonté est sacrée pour vous, n'oubliez jamais que je vous défends de devancer l'heure... — M'obéirez-vous, mon ami ?

— Je vous obéirai, — murmura Georges que les larmes suffoquaient.

— Vous me le jurez... — sur votre amour ?

— Sur mon amour... — je vous le jure !...

— Merci, Georges, merci ! — Ah ! que vous me rendez heureuse ! — Oui, vous resterez ici-bas, mais vous n'y resterez pas seul... — Depuis là-haut mon âme descendra souvent pour vous visiter et pour vous consoler... — Je vous verrai... je me dirai : —
— Il pense à moi... il prie pour moi... il m'aime toujours... — Je demanderai à Dieu

la fin de votre exil... Dieu m'exaucera, et nous serons réunis enfin pour ne plus nous quitter jamais.

Depuis un instant la voix de Marie faiblissait, et c'est à peine si les paroles prononcées par la mourante arrivaient distinctement à l'oreille de M. de Commarin. — Ce que son oreille ne pouvait entendre il le devinait avec son âme.

Marie s'interrompit pendant un instant, puis elle reprit, mais d'une voix qui n'était plus qu'un souffle :

— Voici que vient le sommeil... ce long sommeil dont on ne s'éveille pas... — Donnez-moi vos deux mains, mon Georges... — je veux les sentir dans les miennes en m'endormant... — Vous ne pouviez avoir ma vie, mais, vous le voyez, ma mort est à vous seul.

Georges, agenouillé ou plutôt prosterné auprès de la chaise longue, cachait son visage dans les plis flottants de la longue robe de Marie. — Des sanglots convulsifs secouaient sa poitrine et montaient de son cœur à ses lèvres.

Madame de Talmay, la tête renversée en arrière, avait les yeux fermés... Un ineffable sourire errait sur ses lèvres entr'ouvertes.

— Oui, — balbutia-t-elle pour la seconde fois, — ma mort est à vous seul...

— Pas plus la mort que la vie !! — dit une voix sourde au fond de la chambre.

Georges bondit sur ses pieds et se retourna.

Le comte de Talmay, immobile et les bras croisés sur sa poitrine, contemplait d'un œil sec et farouche cette femme agonisante et cet homme agenouillé et pleurant.

— Ah! — cria Georges dont le désespoir se métamorphosa soudainement en fureur, — c'est Dieu qui vous envoie!!

— Le croyez-vous? — demanda le comte avec une raillerie provoquante.

— Bourreau, votre victime vous échappe! — reprit M. de Commarin, — la voilà libre, puisque la voilà morte! — Votre vengeance est finie, et la mienne commence!... La loi du talion est la plus juste des lois!!... — Vous avez tué, — vous allez mourir!...

Georges, tout en parlant, avait marché

vers Henri, — deux ou trois pas à peine séparaient les deux hommes.

Les regards de M. de Commarin lançaient un feu si sombre que le comte recula instinctivement.

Georges lui saisit le bras gauche.

— Oh! vous ne sortirez pas! — s'écria-t-il, — vous êtes à moi!... je vais vous tuer!...

— Eh bien, soit, — répondit Henri. — Vous voulez un duel, j'accepte...

— Un duel! — répéta Georges avec un rire infernal, — un duel!! — allons donc!! est-ce qu'on se bat avec un forçat?... C'est vous qui l'avez dit, monsieur le comte, vous en souvenez-vous? — Vous avez eu raison... — le forçat ne se bat pas, il tue, — et je suis un forçat!...

Georges, que sa colère et ses propres paroles enivraient et rendaient fou, venait d'armer sa main du couteau catalan que nous l'avons vu tourner contre lui-même dans le cabinet du procureur du roi de Dijon.

Il l'ouvrit et le plongea jusqu'au manche dans la poitrine du comte, laissant l'arme dans la plaie mortelle.

M. de Talmay ne tomba pas.

D'une main héroïque il maintint le fer dans la blessure pour empêcher la vie de s'échapper avec le sang.

— Merci, monsieur, — dit-il, — oh! merci!!... vous faites ma vengeance plus belle et plus complète que je ne l'avais jamais rêvée!

— Vivant, je vous ai envoyé au bagne! mort, je vais vous envoyer à l'échafaud!!...

Il ouvrit l'une des fenêtres, et, se penchant au dehors, il cria par trois fois, d'une voix éclatante :

— A l'aide !... on m'assassine !!

Ce terrible effort l'épuisa.

Vainement il se cramponna à l'appui de la fenêtre, — il tourna sur lui-même comme un homme frappé de vertige et il tomba lourdement à la renverse, au milieu d'une mare de sang.

Une convulsion agita ses membres, — un rauque soupir s'échappa de sa gorge, — puis ses yeux devinrent fixes et son corps prit la rigide immobilité des cadavres.

Sans pâlir et sans trembler, Georges contempla son œuvre.

— Non, je ne suis pas un assassin, — se dit-il à lui-même, — je suis un justicier !...

Il revint auprès de Marie, en balbutiant :

— Pauvre martyre, vous êtes vengée !... Que m'importe l'échafaud ?... ne faut-il pas mourir pour aller vous rejoindre ?...

Cependant de vagues rumeurs montaient des profondeurs du château, — on entendait de toutes parts s'approcher des pas rapides.

La comtesse rouvrit les yeux. — Pareille à un spectre qui sort de sa tombe, elle se leva et voulut se tenir debout, mais elle glissa sur ses genoux. — Alors, ne pouvant marcher, cette morte que galvanisait une pensée suprême, se traîna ou plutôt rampa jusqu'auprès du corps de M. de Talmay et posa sa main déjà froide sur le manche du couteau plongé dans la poitrine du comte.

Anéanti, muet de stupeur, Georges la regardait faire et ne comprenait pas.

Toutes les portes s'ouvrirent à la fois.

A l'une d'elles parut Martial, — par les autres, les valets du château envahirent le boudoir et s'arrêtèrent épouvantés à la vue de ce corps étendu et de ce sang qui coulait.

— Malheureux !! — s'écria le docteur en saisissant la main de Georges, — malheureux, qu'as-tu fait ?...

— Qu'on n'accuse personne, — murmura lentement la comtesse en arrachant de la plaie l'arme ensanglantée, — j'ai vengé sept ans de tortures... — j'ai tué mon mari... — que Dieu me pardonne...

Et elle s'abattit sur le cadavre.

Martial s'élança pour la soulever et la sentit glacée dans ses bras.

Elle était morte.

§

Georges avait juré à Marie de vivre aussi longtemps que la volonté de Dieu serait de le laisser en ce monde.

Il ne s'éteignit que dix ans plus tard, dans l'abbaye de la Trappe, où personne ne sut jamais que le *frère Ambroise* s'était appelé jadis dans le monde *Georges de Commarin*.

FIN DU DEUXIÈME ET DERNIER VOLUME.

## TABLE DES CHAPITRES.

|  |  | Pages |
|---|---|---|
| Chapitre | I. Georges et Martial | 1 |
| — | II. Un oubli | 39 |
| — | III. L'entrevue | 97 |
| — | IV. Le flagrant délit | 89 |
| — | V. Le palais de justice | 119 |
| — | VI. L'arrêt | 169 |
| — | VII. Une rencontre aux eaux de Spa | 205 |
| — | VIII. Pendant le bal | 235 |
| — | IX. Georges et Marie | 271 |
| — | X. La fin du roman | 309 |

FIN DE LA TABLE.

Fontainebleau. — Imp. de E. Jacquin.

## DERNIÈRES NOUVEAUTÉS.

# LES MÉMOIRES D'UN HOMME DU MONDE
**Roman inédit,**

*Par le Vicomte Ponson du Terrail.*

4 volumes in-8, avec affiche à gravure. — Net : 16 fr.

---

# LA SORCIÈRE DU ROI

*Par madame la Comtesse d'Ash.*

5 volumes in-8, avec affiche à gravure. — Net : 20 fr.

---

# LA TIGRESSE DES FLANDRES

*Par Constant Guéroult.*

3 volumes in-8, avec affiche à gravure. — Net : 12 fr.

---

# La Fleur des Grisettes

*Par Maximilien Perrin.*

2 volumes in-8, avec affiche. — Net : 8 fr.

---

# LES CHEVALIERS DU TEMPLE
ROMAN INÉDIT,

*Par Alfred Villeneuve.*

3 volumes in-8, avec affiche à gravure. — Net : 12 fr.

---

# LES SABOTIERS DE LA FORÊT NOIRE

*Par Emmanuel Gonzalès.*

3 volumes in-8, avec affiche à gravure. — Net : 12 fr.

---

# L'âme et l'ombre d'un Navire

*Par G. de la Landelle.*

5 volumes in-8, avec affiche à gravure. — Net : 20 fr.

---

Fontainebleau. — Imp. de E. Jacquin.

www.ingramcontent.com/pod-product-compliance
Lightning Source LLC
Chambersburg PA
CBHW050550170426
43201CB00011B/1635